SÜSSER, WAS KOCHEN WIR HEUTE?

MIKE SÜSSER

SÜSSER, WAS KOCHEN WIR HEUTE?

Fotografiert von Frank Weymann.
Gekocht und Foodstyling Mike Süsser und Florian Ballschuh.

Copyright © Mike Süsser 2014. Design Copyright © Mike Süsser 2014
Lektorat Nicola Härms, Rheinbach
Fotos Frank Weymann, Hamburg
Kochen und Foodstyling Mike Süsser, Florian Ballschuh
Grafik und Design Michael Braack, mike-company | creative studio
Bildaufbereitung Vogt-Schild Druck, Derendingen

© 2014
AT Verlag, Aarau und München
Druck- und Bindearbeiten Offizin Andersen Nexö, Leipzig
Printed in Germany
ISBN 978-3-03800-791-3

www.at-verlag.ch

INHALT

7 Vorwort

9 AUS DER DOSE
11 Tomate
21 Thunfisch
31 Mais
41 Kokosmilch
51 Pfirsich

61 AUS DEM GLAS
63 Ajvar
73 Kapern
83 Perlzwiebeln
93 Rote Bete
103 Schattenmorellen

113 AUS DEM GEFRIERFACH
115 Erbsen
125 Spinat
135 Garnelen
145 Teige
155 Himbeeren

165 AUS DER SPEISEKAMMER
167 Pasta
177 Linsen
187 Couscous
197 Nüsse
207 Kekse

217 Danksagung
218 Rezeptverzeichnis

VORWORT

Gibt es wirklich genügend Kochbücher? – Nein!

Die Konsum- und Medienwelt suggeriert uns heutzutage ständig, dass wir alles stets frisch zubereiten und nichts aus der Dose, dem Glas oder dem Gefrierfach nehmen sollen – »pfui Deifel, Finger weg!« Als gelernter Koch müsste ich dem grundsätzlich natürlich recht geben. Wie also komme ich dazu, ein Kochbuch zu schreiben, in dem die Hauptzutaten eben genau daher, aus Dose, Glas oder Gefrierfach, kommen?
Purer Realismus ist meine Antwort darauf. Ich bin nun seit meinem sechzehnten Lebensjahr Koch und darf seit fünf Jahren Fernsehsendungen machen. Dabei habe ich mir immer wieder die Frage gestellt: »Ist denn alles schlecht aus der Dose?« Habe ich nicht auch die Pflicht, die Augen aufzumachen und zu sehen, was da draußen los ist, was die Realität ist? Es kann sich eben nicht jeder zu jeder Zeit Bio leisten. Auch wenn wir das im Fernsehen gerne so darstellen.
So kam es, dass ich mir dachte: Mike, nutze deinen Namen und gib den Menschen in der realen Welt eine Stimme und machbare Rezepte! Das ist der wahre Grund, wie es zu diesem Buchthema kam. Dabei will ich aber nicht verheimlichen, dass auch Kindheitserinnerungen, etwa an den Geschmack des Dosenpfirsichs, eine Rolle spielten. Wichtig war mir zudem, dass man bei allen Rezepten keine große Kocherfahrung braucht. Es genügt, einfach nach dem Rezept vorzugehen. Entweder es schmeckt so wie bei mir oder besser. Übrigens eine kleine Weisheit zum Schluss: Kochen fängt tatsächlich da an, wo ein Rezept aufhört …

Nun wünsche ich allen, die dieses Buch gekauft haben, viel Spaß beim »Real-cooking«!

Euer Mike

AUS DER DOSE

- 11 tomate
- 21 thunfisch
- 31 mais
- 41 kokosmilch
- 51 pfirsich

WAS MACHE ICH MIT TOMATEN?

IDEAL-ZUSTAND

NORMAL-ZUSTAND

TOMATENGRUNDSAUCE

Ergibt 1 Liter
2 Stunden
Handicap: Extrem einfach

4–5 EL Olivenöl
250 g Zwiebeln, gewürfelt
5 Knoblauchzehen, fein gehackt
2 EL Zucker
4 EL Weißweinessig
2 Dosen geschälte Tomaten
je 6 Thymian-, Rosmarin- und Oreganozweige
2 Chilischoten, ganz belassen, leicht gequetscht
3 Lorbeerblätter
Meersalz und schwarzer Pfeffer aus der Mühle

So wird's gemacht:
Das Olivenöl in einem großen Topf erhitzen, Zwiebeln und Knoblauch darin anschwitzen, ohne Farbe annehmen zu lassen. Mit dem Zucker bestreuen und diesen leicht karamellisieren lassen. Mit dem Essig ablöschen. Die Tomaten dazugeben und alles bei kleiner Temperatur köcheln lassen – zwischendurch immer wieder mit dem Schneebesen umrühren und darauf achten, dass die Sauce nicht anbrennt. Die Kräuter fein hacken und nach etwa 1 Stunde Kochzeit mit den Chilischoten und den Lorbeerblättern zur Sauce geben. 1 weitere Stunde sanft kochen lassen, bis die Sauce eine schöne sämige Konsistenz hat. Zum Schluss mit Salz, Pfeffer und eventuell noch etwas Zucker abschmecken.
Die Chilischoten und die Lorbeerblätter vor der weiteren Verwendung entfernen.

Tipp:
Die Sauce ist ideal auf Vorrat zu kochen. Heiß in heiß ausgespülte Schraubgläser füllen, diese sofort verschließen und abkühlen lassen. Durch die Hitze entsteht ein Vakuum im Glas, so hält sich die Sauce im Kühlschrank mehrere Wochen.

Die Sauce ist ideal auf Vorrat zu kochen.

TOMATEN-KICHERERBSEN-SUPPE MIT CHORIZO UND CURRYSAHNE

Für 2 Personen
15 Minuten
Handicap: Extrem einfach

Tomaten-Kichererbsen-Suppe:
2 EL Olivenöl
50 g Chorizo, in Scheiben geschnitten
¼ Espressolöffel Chilipulver
200 g passierte Tomaten aus der Dose
¼ l Rinderbrühe
200 g Kichererbsen aus der Dose, abgetropft
50 g grüne Bohnen, geputzt, halbiert
Meersalz und schwarzer Pfeffer aus der Mühle

Currysahne:
100 ml Sahne
1 EL Basilikum, frisch gehackt
Currypulver
Meersalz und schwarzer Pfeffer aus der Mühle

So wird die Tomaten-Kichererbsen-Suppe gemacht:
Einen tiefen Topf bei hoher Temperatur erhitzen. Das Öl, die Chorizoscheiben und das Chilipulver hineingeben und 4 Minuten andünsten, bis die Wurstscheiben knusprig sind. Die Chorizoscheiben aus dem Topf nehmen und auf Küchenpapier abtropfen lassen. Die passierten Tomaten und die Brühe in den Topf geben und bei mittlerer Hitze zum Kochen bringen. Die Kichererbsen und die grünen Bohnen hinzufügen, aufkochen und 5 Minuten köcheln lassen. Mit Salz und Pfeffer abschmecken.

So wird die Currysahne gemacht:
Die Sahne steif schlagen. Das frisch gehackte Basilikum darunterziehen, mit Currypulver nach Geschmack sowie Salz und Pfeffer abschmecken.

So richte ich an:
Die Suppe auf Suppentassen oder -teller verteilen, etwas Currysahne daraufsetzen und mit den knusprigen Chorizoscheiben garnieren.

☜ HINWEIS
GRANA PADANO

Von den verschiedenen Parmesansorten eignet sich hier wie in
allen anderen Rezepten dieses Buches sehr gut der preiswertere,
aber ebenso geschmackvolle »Grana Padano«.

SCHNELLE TOMATEN-ZUCCHINI-LASAGNE

Für 2 Personen
40 Minuten
Handicap: Extrem einfach

500 g frischer Ricotta
100 ml Sahne
1 EL glatte Petersilie, gehackt
50 g Parmesan, frisch gerieben
Meersalz und schwarzer Pfeffer aus der Mühle
400 g Tomaten aus der Dose, in Stücken
250 g passierte Tomaten aus der Dose (oder die Grundsauce Seite 13)
2 EL Basilikum, gehackt
8 frische Lasagneteigblätter
2 Zucchini (insgesamt 750 g), in dünne Scheiben geschnitten
100 g Mozzarella, zerzupft, zum Überbacken

So wird's gemacht:
Den Ofen auf 180 Grad vorheizen. Den Ricotta mit Sahne, Petersilie, Parmesan sowie Salz und Pfeffer gut verrühren. Die Tomatenstücke, die passierten Tomaten und das Basilikum miteinander vermischen. Den Boden einer Auflaufform mit Lasagneteigplatten auslegen. Mit der Ricottamischung bestreichen, Zucchinischeiben darauf verteilen und mit Tomatensauce bedecken. Eine weitere Schicht Lasagneteig darauflegen und wie beschrieben fortfahren, bis alle Zutaten aufgebraucht sind. Den Abschluss bildet eine Schicht Tomatensauce, diese mit dem Mozzarella bestreuen. Die Lasagne 30 Minuten im vorgeheizten Ofen backen, bis der Nudelteig durch und der Käse schön gebräunt ist.

Tipp:
Dazu passt ein frischer grüner Salat.

...bis der Nudelteig durch und der Käse schön gebräunt ist.

DOSENTOMATEN ... ABER SELBST GEMACHT!

Ergibt 2 Kilogramm
30 Minuten
Handicap: Einfach

200 ml Tomatenessig, ersatzweise Weißweinessig
3 Dillzweige
8 Petersilienzweige
5 Lorbeerblätter
15 schwarze Pfefferkörner
2 Zimtstangen
2 TL Senfkörner
Meersalz
5 Knoblauchzehen, geschält
2 Chilischoten, ganz belassen, leicht gequetscht
6–8 EL brauner Zucker
3 EL Honig
2 l Wasser
2 kg aromatische, sonnengereifte Tomaten

So wird's gemacht:
Den Essig mit allen Kräutern und Gewürzen sowie Knoblauch, Chilischoten, Zucker und Honig im Wasser aufkochen und alles etwa 10 Minuten köcheln lassen. Inzwischen die Tomaten kurz mit kochend heißem Wasser überbrühen, kalt abschrecken und die Haut abziehen. Dann mit einem feinen Holzstäbchen rundherum einstechen. Die Tomaten in große Einmachgläser geben und mit dem kochend heißen Tomatensud auffüllen.
Die Gläser verschließen und vor der Verwendung mindestens einige Tage gut durchziehen lassen.

Tipp:
Diese eingelegten Tomaten kann man super für die Grundsauce auf Seite 13 verwenden. Dazu eine Handvoll schwarze Oliven, einige Kapern sowie Petersilie, und schon hat man die beste Puttanesca-Sauce!

WAS MACHE ICH MIT THUNFISCH?

THUNFISCH-BOHNEN-SALAT

Für 2 Personen
15 Minuten
Handicap: Extrem einfach

1 kleine Dose Thunfisch natur, abgetropft
120 g weiße Bohnen aus der Dose, abgetropft
½ Bund glatte Petersilie, grob gehackt
2–3 EL Kapernbeeren, grob gehackt
½ kleine rote Zwiebel, in feine Streifen geschnitten
2 EL Zitronensaft
2 EL weißer Balsamicoessig
2–3 EL Olivenöl
Honig
Meersalz und schwarzer Pfeffer aus der Mühle

Zum Anrichten:
½ Salatgurke, gewaschen, in ca. 1 cm große Würfel geschnitten
100 g zarter, junger Blattspinat
je 2 gelbe und 2 rote Cocktailtomaten, halbiert

So wird's gemacht:
Den Thunfisch und die weißen Bohnen in einer Schüssel mit Petersilie, Kapernbeeren, Zwiebelstreifen, Zitronensaft, Balsamico, Olivenöl und etwas Honig vermischen, mit Salz und Pfeffer abschmecken und 5 Minuten ziehen lassen.

So richte ich an:
Die Gurkenwürfel, die Spinatblätter und die halbierten Tomaten auf Teller oder Schalen verteilen und den Thunfisch-Bohnen-Salat darauf anrichten.

THUNFISCH-FRÜHLINGSROLLE MIT WASABI-MAYONNAISE

Für 2 Personen
30 Minuten
Handicap: Einfach

Thunfisch-Frühlingsrolle:
1 kleine Dose Thunfisch natur, abgetropft (den Saft auffangen)
1 EL Koriander oder Petersilie, fein gehackt
½ Avocado, geschält, klein gewürfelt
1 EL klein gewürfelte rote Paprikaschote
1 TL eingelegter Ingwer, fein gehackt (die Flüssigkeit auffangen)
1 Spritzer Zitronensaft
Meersalz und schwarzer Pfeffer aus der Mühle

4 Blatt Frühlingsrollenteig
Eiweiß zum Bestreichen
Basilikum- und Minzeblättchen
Pflanzenöl zum Ausbacken

Wasabi Mayonnaise:
etwas Wasabipulver (siehe Tipp)
100 g Mayonnaise
Meersalz und schwarzer Pfeffer aus der Mühle
1 Spritzer Zitronensaft

So wird's gemacht:
Den Thunfisch mit Koriander oder Petersilie, Avocadowürfeln, Paprika, Ingwer und Zitronensaft in einer Schüssel mischen und mit Salz und Pfeffer abschmecken. Die Frühlingsrollenteigblätter ausbreiten und mit Eiweiß bestreichen, dann gleichmäßig mit der Thunfischmasse belegen. Jeweils 2–3 Basilikum- und Minzeblätter auf die Füllung legen. Die Teigblätter zu Röllchen einwickeln, dabei die Enden einschlagen. Die Frühlingsrollen in heißem Öl etwa 1 Minute hellbraun ausbacken, dann auf Küchenpapier abtropfen lassen.

So wird die Wasabi-Mayonnaise gemacht:
Das Wasabipulver mit wenig aufgefangenem Saft des Thunfischs und des eingelegten Ingwers anrühren (siehe Tipp).
Die entstandene grüne Wasabipaste unter die Mayonnaise rühren und nach Geschmack mit Salz, Pfeffer und etwas Zitronensaft abrunden.

Tipps:
Hierzu passen ein schöner frischer Sprossensalat und Kresse. Bei der Wasabi-Mayonnaise entscheidet Ihr Gaumen, wie scharf es werden darf. Zuerst nur wenig Wasabipulver einrühren, probieren und nach Bedarf noch etwas nachgeben.

HINWEIS
ÜBERFISCHUNG DER WELTMEERE

Da der Bestand bestimmter Thunfischarten in den Weltmeeren bedroht ist, wählen Sie bewusst und überlegt: Es sollte unbedingt nachhaltig gefangener Thunfisch sein. Achten Sie daher auf das MSC-Label! Und bevorzugen Sie im eigenen Saft bzw. in Wasser eingelegten Thunfisch. Dieser hat weniger Fett und damit weniger Kalorien und enthält noch – anders als der in Öl eingelegte – seine besonders wertvollen gesunden Fettsäuren.

Eine Hommage an meine Frau Gudrun, die diese Sauce liebt.

SPAGHETTI MIT TOMATEN-THUNFISCH-SAUCE

Für 2 Personen
25 Minuten
Handicap: Sehr einfach

2 EL Olivenöl
1 Zwiebel, fein gewürfelt
1 Knoblauchzehe, fein zerrieben
1 EL Tomatenmark
1 kleine Dose passierte Tomaten
1 kleine Dose Thunfisch natur, abgetropft
Meersalz und schwarzer Pfeffer aus der Mühle
1 EL Basilikum, in feine Streifen geschnitten
½ EL Oregano, fein gehackt
150 g Spaghetti
80 g Parmesan, einige Späne mit dem Sparschäler abgehobelt, Rest fein gerieben
Basilikumblättchen zum Garnieren

So wird's gemacht:
Das Olivenöl in einer Pfanne erhitzen und darin Zwiebel und Knoblauch andünsten, ohne Farbe annehmen zu lassen. Das Tomatenmark zufügen und kurz mit anschwitzen. Die passierten Tomaten dazugeben und etwa 5-10 Minuten köcheln lassen, dabei öfter umrühren. Den abgetropften Thunfisch grob zerkleinern, zur Sauce geben und vorsichtig erwärmen. Erst kurz vor dem Anrichten mit Salz, Pfeffer und den frischen Kräutern abschmecken.

Inzwischen die Spaghetti in gut gesalzenem Wasser bissfest kochen, abgießen, in eine Schüssel geben, etwas von dem Kochwasser und einige Spritzer Olivenöl beifügen und den geriebenen Parmesan unterheben. Die Spaghetti sollen eine leicht cremige Konsistenz haben.

So richte ich an:
Die Spaghetti mit der Sauce anrichten. Die Parmesanhobel und frisches Basilikum darüberstreuen.

Tipp:
Mir schmeckt es besonders gut, wenn man obendrauf noch einen kleinen Klecks Sauerrahm gibt.

THUNFISCH MIT KARAMELLISIERTEN KAROTTEN, ANANAS UND KNUSPER-INGWER

Für 2 Personen
30 Minuten
Handicap: Leicht

Karamellisierte Karotten:
5 Werther's Original Karamellbonbons oder ca. 80 g Zucker
100 ml Sojasauce
50 ml Wasser
6 junge, kleine Fingerkarotten (Bundkarotten), mit Grün
1 EL Senfkörner
1 TL frischer Ingwer, geschält, in hauchdünne Scheiben geschnitten
Meersalz

Ananas:
100 g Ananas, klein gewürfelt
½ Limette, Saft
Meersalz und schwarzer Pfeffer aus der Mühle
½ TL Sesamöl
Honig nach Bedarf
½ rote Chilischote, entkernt, in Ringe geschnitten
1 EL Frühlingszwiebel, grüner Teil, in feine Ringe geschnitten

Knusper-Ingwer:
1 kleine Ingwerwurzel, gewaschen, ungeschält
Pflanzenöl zum Frittieren

Thunfisch:
400 g Thunfisch-Rückenfilet (beste Sashimi-Qualität)
Meersalz
1 TL Sesam
2 EL Rettichsprossen

So werden die karamellisierten Karotten gemacht:
Den Backofen auf 180 Grad vorheizen. Die Karamellbonbons mit der Sojasauce und dem Wasser aufkochen, bis sie sich aufgelöst haben. Die Karotten gründlich bürsten, falls nötig schälen und in ein feuerfestes Gefäß geben, mit der Soja-Karamell-Sauce begießen. Senfkörner, Ingwer und wenig Salz beifügen und im vorgeheizten Ofen garen, bis sie den gewünschten Biss haben. Aufpassen, dass sie nicht zu dunkel werden. Kurz vor dem Servieren nochmals mit Salz abschmecken.

So wird die Ananas gemacht:
Die Hälfte der Ananaswürfel mit dem Limettensaft pürieren, mit Salz, Pfeffer und Sesamöl abschmecken. Falls die Ananas zu wenig Süße hat, mit etwas Honig abrunden. Die restliche gewürfelte Ananas sowie einen Teil der Chili- und der Frühlingszwiebelringe unterheben; den Rest für die Dekoration beiseitelegen.

So wird der Knusper-Ingwer gemacht:
Den Ingwer ungeschält in feine Scheiben hobeln. Etwas Öl auf 140 Grad erhitzen. Die Ingwerscheiben im heißen Öl frittieren, anschließend auf Küchenpapier abtropfen lassen.

So wird der Thunfisch gemacht:
Den Thunfisch in 4 gleich große Stücke schneiden. Eine beschichtete Pfanne stark erhitzen. Den Thunfisch ohne Fett kurz rundherum anbraten, ohne Farbe annehmen zu lassen. Aus der Pfanne nehmen und leicht salzen. Den Sesam in derselben Pfanne ebenfalls ohne Fett kurz anrösten, bis er leicht Farbe angenommen hat, aus der Pfanne nehmen.

So richte ich an:
Kurz vor dem Servieren den Thunfisch in dünne Scheiben aufschneiden und zusammen mit den Karotten anrichten. Etwas Ananas auf den Fisch geben und mit den restlichen Chili- und Frühlingszwiebelringen, dem gerösteten Sesam, den Rettichsprossen und dem Knusper-Ingwer garnieren.

WAS MACHE ICH MIT MAIS?

MAISCREMESUPPE MIT PFIFFERLINGEN

Für 2 Personen
20 Minuten
Handicap: Extrem einfach

Maiscremesuppe:
4 EL Olivenöl
1 EL Butter
125 g Knollensellerie, geschält, klein gewürfelt
1 Zwiebel, fein gewürfelt
150 ml Sahne
450 ml Gemüsebrühe
1 Dose Maiskörner (ca. 200 g), abgetropft
Meersalz und schwarzer Pfeffer aus der Mühle
1 EL edelsüßes Paprikapulver
2 Frühlingszwiebeln, weißer und hellgrüner Teil, in feine Ringe geschnitten

Pfifferlinge:
80 g Pfifferlinge, geputzt
1 EL Olivenöl
Meersalz und schwarzer Pfeffer aus der Mühle
½ EL Petersilie, fein gehackt
1 TL Butter

So wird die Maiscremesuppe gemacht:
2 Esslöffel Olivenöl erhitzen, die Butter zugeben. Sellerie und Zwiebel darin anschwitzen, ohne Farbe annehmen zu lassen. Die Hälfte der Sahne zugießen. Die Hitze so weit reduzieren, dass der Sellerie sanft vor sich hin köchelt, bis er gar ist. Eventuell zwischendurch etwas Gemüsebrühe nachgießen. Die Maiskörner bis auf etwa 2 Esslöffel sowie die restliche Brühe zugeben. Mit Salz und Pfeffer würzen und die Suppe etwa 10 Minuten kochen lassen. Dann alles fein pürieren, die Suppe durch ein Sieb streichen, die restlichen Maiskörner zur Suppe geben und diese nochmals aufkochen lassen. Das Paprikapulver mit dem restlichen Olivenöl und etwas Salz verrühren.

So werden die Pfifferlinge gemacht:
Die Pfifferlinge im erhitzten Olivenöl anbraten und mit Salz und Pfeffer würzen. Zum Schluss die Petersilie und die Butter dazugeben.

So richte ich an:
Die restliche Sahne steif schlagen. Die Pfifferlinge bis auf 4 schöne Exemplare in Suppentassen oder -teller geben. Mit der Suppe auffüllen. Jeweils einen Klecks Schlagsahne auf die Suppe geben, dann die Frühlingszwiebelringe sowie je 1 Pfifferling daraufgeben. Zum Abschluss mit dem Paprikaöl beträufeln und servieren.

Einfach mit etwas Feldsalat, frischer Minze und Granatapfelkernen dekorieren.

MAIS-FRITTERS MIT MELONENKUGELN IN PARMASCHINKEN

Für 2-4 Personen
30 Minuten
Handicap: Sehr einfach

Mais-Fritters:
70 g Mehl, gesiebt
½ TL gemahlener Kreuzkümmel
1 kleines Stück Chilischote, entkernt, fein gehackt,
ersatzweise etwas Chilipulver
Meersalz
1 Ei
50 ml Mineralwasser
1 Spritzer Limettensaft
1 Dose Mais (ca. 200 g), abgetropft
1 Frühlingszwiebel, weißer und hellgrüner Teil, in feine Ringe geschnitten
1 EL fein gewürfelte rote Paprikaschote
100–150 ml Pflanzenöl

Melonenkugeln in Parmaschinken:
½ Honigmelone
4 EL Honig
4 EL Olivenöl
2 EL weißer Balsamicoessig
Meersalz und Pfeffer aus der Mühle
12 dünne Scheiben Parmaschinken

Zum Garnieren:
Feldsalat, gewaschen und trocken geschleudert
frische Minze
1 EL Granatapfelkerne, ersatzweise Pinienkerne
150 g Schmand (Sauerrahm)

So werden die Mais-Fritters gemacht:
Das Mehl mit Kreuzkümmel, Chili und Salz verrühren. Das Ei trennen, das Eiweiß steif schlagen. Das Eigelb mit Mineralwasser und Limettensaft verquirlen, langsam zur Mehlmischung geben und alles zu einem glatten Teig verrühren. Den Eischnee unterheben. Mais, Frühlingszwiebelringe und Paprikawürfel unter den Teig mischen. Das Öl in einer großen Pfanne erhitzen. Die Maismasse mit einem Esslöffel in kleinen Portionen in die Pfanne setzen und von jeder Seite 2-3 Minuten goldbraun ausbacken. Vor dem Servieren auf Küchenpapier abtropfen lassen.

So werden die Melonenkugeln in Parmaschinken gemacht:
Die Honigmelone entkernen und aus dem Fruchtfleisch mit einem Kugelausstecher Kugeln ausstechen. Den Honig mit Olivenöl, Balsamico sowie Salz und Pfeffer zu einer Marinade verrühren und die Melonenkugeln darin einige Minuten marinieren. Dann die Melonenkugeln in die Parmaschinkenscheiben wickeln.

So richte ich an:
Die Fritters und die Melonenkugeln auf Teller verteilen, mit etwas Feldsalat, frischer Minze und den Granatapfelkernen dekorieren. Den Schmand in Klecksen auf die Fritters verteilen.

Den Bärlauchspinat auf Teller geben und die Lachsfilets darauf anrichten.

LACHS MIT MAIS AUF BÄRLAUCHSPINAT

Für 2 Personen
25 Minuten
Handicap: Sehr einfach

Lachs mit Mais:
1 Dose Maiskörner (140 g), abgetropft
2 EL Semmelbrösel
2 EL weiche, zimmerwarme Butter
1 Prise Chilipulver
Meersalz und schwarzer Pfeffer aus der Mühle
½ unbehandelte Zitrone, abgeriebene Schale
2 EL Olivenöl
2 Lachsfilets à 150 g

Bärlauchspinat:
100 g Bärlauch, ersatzweise Blattspinat
2 EL Olivenöl
Meersalz und schwarzer Pfeffer aus der Mühle
1 EL Pinienkerne
1 EL Butter, in Flöckchen

So wird der Lachs gemacht:
Den Backofen auf 200 Grad Oberhitze vorheizen. Die Hälfte der Maiskörner in einem hohen Gefäß mit dem Mixstab pürieren. Die Semmelbrösel, die Hälfte der Butter und die restlichen Maiskörner unter den pürierten Mais mischen. Mit Chilipulver, Salz, Pfeffer und Zitronenabrieb würzen.
Das Olivenöl in einer beschichteten Pfanne erhitzen und die Lachsfilets darin beidseitig anbraten. Die Lachsfilets auf ein mit Backpapier belegtes Blech legen. Die Maismasse großzügig auf den Lachsfilets verteilen, mit der restlichen zimmerwarmen Butter belegen und den Lachs im vorgeheizten Ofen 5-6 Minuten gratinieren und gar ziehen lassen.

So wird der Bärlauchspinat gemacht:
Den Bärlauch waschen, trocken schütteln und von groben Stängeln befreien. Im erhitzten Olivenöl kurz schwenken und mit Salz und Pfeffer vorsichtig würzen. Die Pinienkerne und die Butter erst in der letzten Minute dazugeben und unterheben.

So richte ich an:
Den Bärlauchspinat auf Teller geben und die Lachsfilets darauf anrichten.

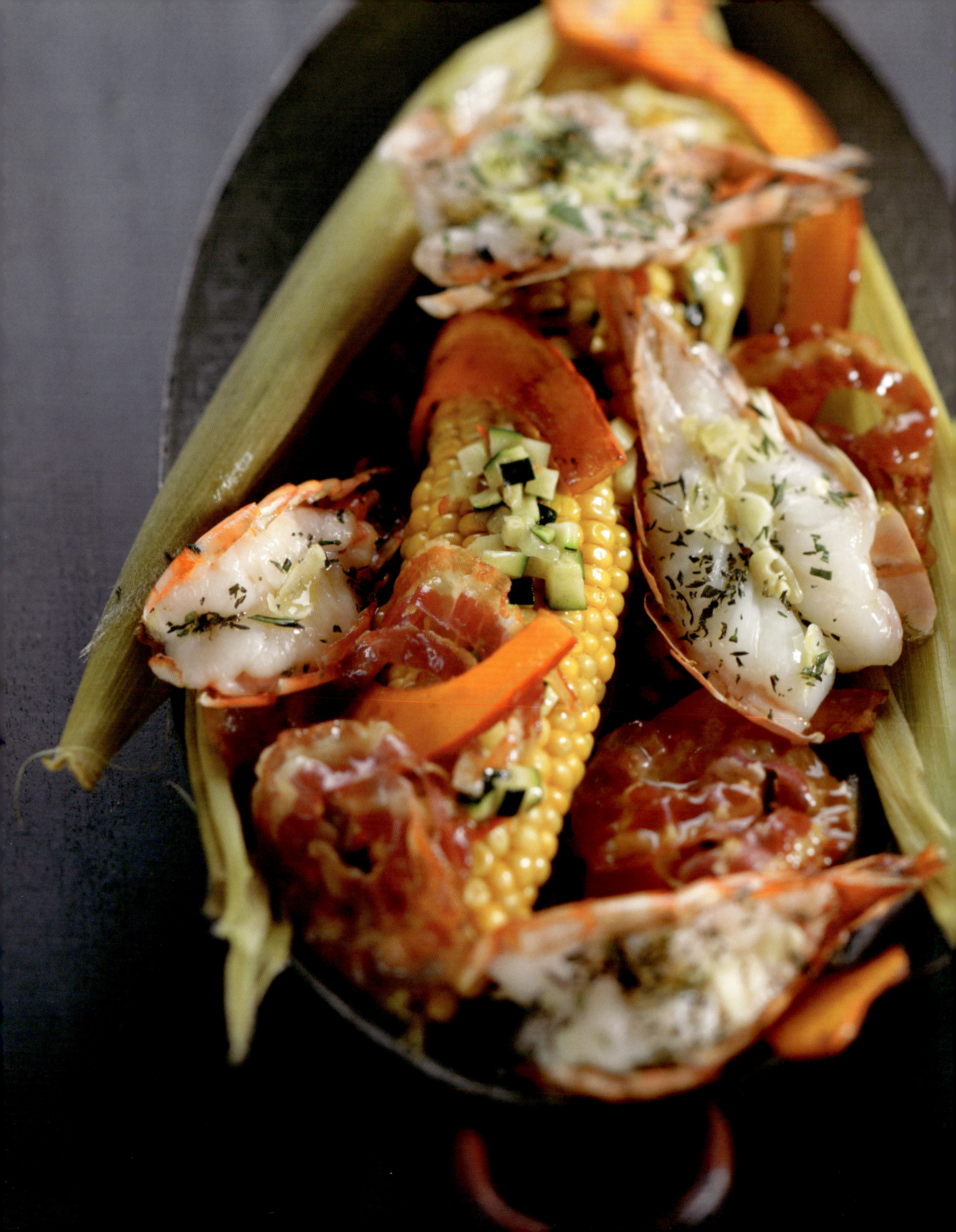

MAISKOLBEN UND GAMBAS MIT PANCETTA-KÜRBIS UND ZUCCHINIBUTTER

Für 2 Personen
40 Minuten
Handicap: Einfach

Maiskolben:
1 Prise Zucker
1 Spritzer Zitronensaft
2 Maiskolben, mit Blättern

Gambas:
4 Gambas, am Rücken aufgeschnitten, gewaschen und aufgeklappt
3 EL Olivenöl
1 Knoblauchzehe, geschält und in etwas Meersalz zerrieben
je 1 EL Rosmarin und Thymian, fein gehackt
1 unbehandelte Limette, abgeriebene Schale
Meersalz und schwarzer Pfeffer aus der Mühle

Pancetta-Kürbis:
4 Scheiben Pancetta (gerollter italienischer Speck), ersatzweise Prosciutto
60 g Kürbis, geschält, in hauchdünne Scheiben geschnitten
1 EL Olivenöl
Meersalz und schwarzer Pfeffer aus der Mühle

Zucchinibutter:
100 g gesalzene Butter
1 EL Wasser
½ TL fein gewürfelte Chilischote
1 EL fein gewürfelte Zucchini

So werden die Maiskolben gemacht:
Einen großen Topf Wasser mit Zucker und Zitronensaft zum Kochen bringen. Die Maiskolben samt Grün in das kochende Wasser geben, dann den Topf vom Herd nehmen und die Maiskolben zugedeckt 20 Minuten im Wasser ziehen lassen. Zum Anrichten die Maiskolben herausheben, abtrocknen und die Blätter öffnen.

So werden die Gambas gemacht:
Die Gambas mit etwas Olivenöl beträufeln. Die zerriebene Knoblauchzehe mit den Kräutern und dem Limettenabrieb vermengen und auf den Gambas verteilen. Erst unmittelbar vor dem Servieren das restliche Olivenöl in einer Pfanne erhitzen und die Gambas darin nur auf der Schalenseite braten, bis das Fleisch durchgehend weiß ist. Mit Salz und Pfeffer würzen.

So wird der Pancetta-Kürbis gemacht:
In einer beschichteten Pfanne das Öl erhitzen. Die Pancetta- und Kürbisscheiben darin bei mittlerer Temperatur anbraten, bis sie etwas Farbe annehmen. Mit Salz und Pfeffer würzen.

So wird die Zucchinibutter gemacht:
In einem kleinen Topf die Salzbutter mit dem Esslöffel Wasser aufkochen, die Chili- und Zucchiniwürfel hinzufügen.

So richte ich an:
Den Mais auf Teller geben und mit der Zucchinibutter belegen. Die Gambas, die Pancetta- und Kürbisscheiben daneben anrichten.

Tipps:
Dadurch dass man dem Kochwasser der Maiskolben Zucker statt Salz zugibt, bleiben die Körner schön süß. Und die Zitrone sorgt dafür, dass die Maiskörner ihre schöne gelbe Farbe behalten. Statt mit dem Messer lässt sich der Kürbis einfacher mit der Aufschnittmaschine oder mit dem Sparschäler in hauchdünne Scheiben schneiden.

WAS MACHE ICH MIT KOKOSMILCH?

IDEAL-ZUSTAND

NORMAL-ZUSTAND

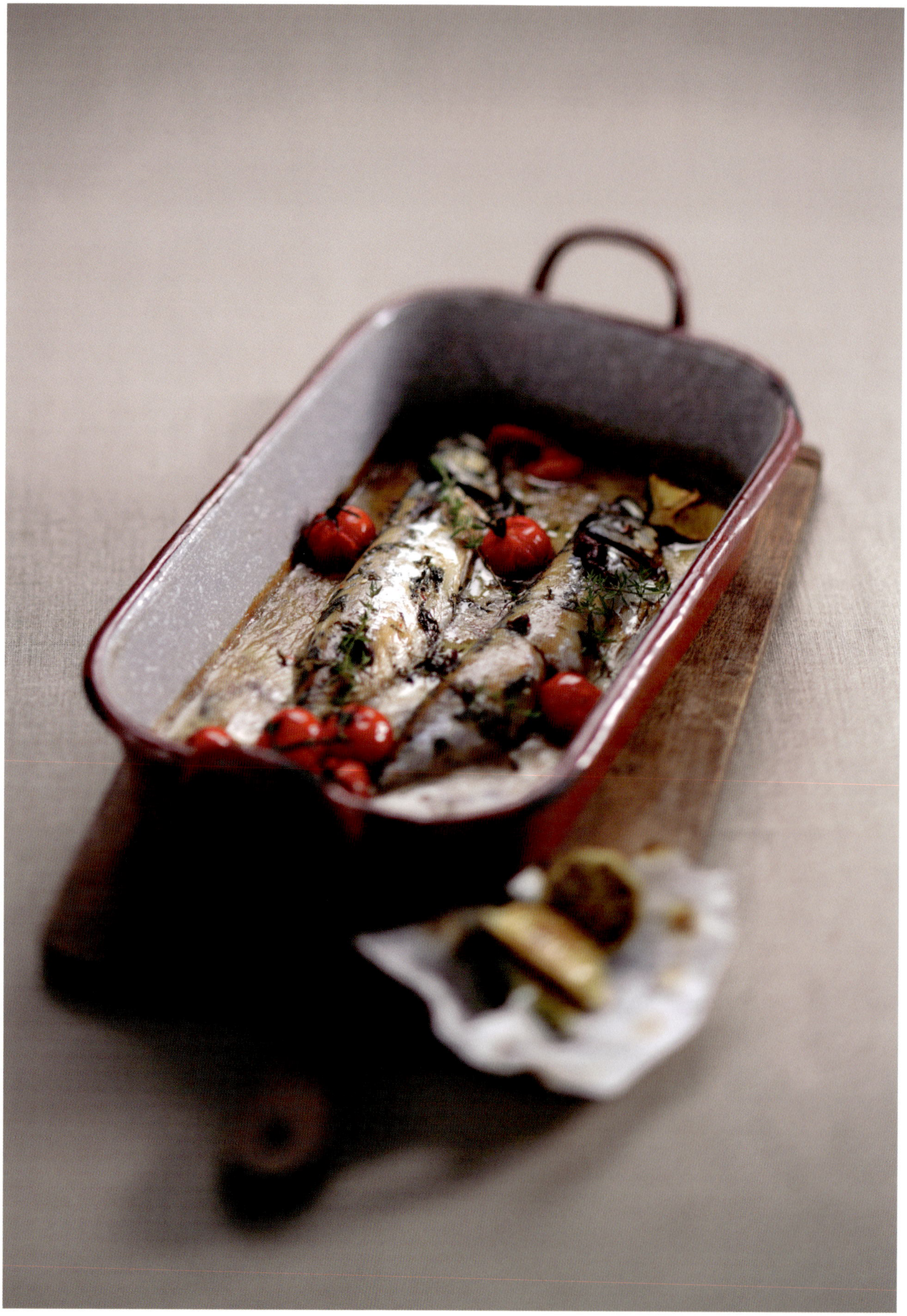

MAKRELE MIT EXPRESS-SCHMORTOMATE UND KOKOSMILCH

Für 2 Personen
35 Minuten
Handicap: Sehr einfach

Kokosmarinade:
1 kleine Dose Kokosmilch
3 EL Olivenöl
4 Thymianzweige
4 EL Limettensaft
2 Chilischoten, entkernt, fein gehackt
60 g schwarze Oliven, entsteint und gehackt
Meersalz und schwarzer Pfeffer aus der Mühle
1 TL brauner Zucker
1 EL Minze, fein gehackt

Makrelen mit Schmortomate:
2 Makrelen, ausgenommen, trocken getupft, ersatzweise jeder beliebige andere Fisch
6 kleine Rispentomaten mit Stielen
1 EL Olivenöl
1 TL Zucker
½ TL Meersalz
2 Knoblauchzehen, in der Schale leicht gequetscht
je 2 Thymian- und Rosmarinzweige

Zum Garnieren:
2 unbehandelte Limetten, halbiert

So wird die Kokos-Marinade gemacht:
Die Kokosmilch mit den restlichen Zutaten in eine Schüssel geben und gut vermischen.

So werden die Makrelen mit Schmortomate gemacht:
Den Backofen auf 200 Grad Umluft vorheizen. Die Makrelen in die Marinade legen und kurz darin marinieren. Dann die Makrelen in einen Bräter legen, mit der Marinade begießen und im vorgeheizten Backofen etwa 30 Minuten backen.
Die Tomaten in eine ofenfeste kleine Form geben, mit dem Olivenöl beträufeln und mit Zucker und Salz bestreuen. Den Knoblauch und die Thymian- und Rosmarinzweige darüberlegen und die Form nach 15 Minuten zu den Makrelen in den Backofen stellen.

So richte ich an:
Die Limettenhälften in einer Pfanne auf der Schnittseite anbraten. Die Makrelen mit den Tomaten anrichten und mit den angebratenen Limettenhälften umlegen. Die Kokosmilch dazu reichen.

Tipp:
Wenn man mehr Zeit hat, lohnt es sich, die Makrele länger – gerne bis zu 24 Stunden – zu marinieren. Man kann sie im Sommer auch wunderbar auf den Grill legen.

Schmeckt auch spitze vom Grill.
Vorher unbedingt die Holzspieße 30 Minuten wässern.

HÜHNCHENSPIESSE MIT ERDNUSSSAUCE UND THAI-GURKENSALAT

Für 2 Personen
30 Minuten
Handicap: Einfach

Hühnchenspieße:
2 Hühnerbrüste
1 TL Currypulver
2–3 TL Zucker
200 ml Sojasauce
1 Dose Kokosmilch
1 TL gemahlener Koriander
½ TL gemahlener Kreuzkümmel
2 Stängel Zitronengras, fein geschnitten
1 TL Ingwer, frisch gerieben
2 Knoblauchzehen, fein geschnitten
1 unbehandelte Limette, Saft und abgeriebene Schale
2 TL Pflanzenöl

Erdnusssauce:
restliche Marinade der Hühnerbrüste
200 g Erdnüsse (am besten ungesalzene, ersatzweise gesalzene aus dem Snack-Regal)
Salz und Zucker nach Belieben

Gurkensalat:
½ Salatgurke
30 ml Weißweinessig
50 g Zucker
etwas Meersalz oder normales Salz
2 Schalotten, in Streifen geschnitten
1 rote Chilischote, entkernt, fein gehackt, ersatzweise etwas Sambal Oelek

Zum Garnieren:
1 EL Koriander, fein gehackt

So werden die Hühnchenspieße gemacht:
Die Hühnerbrüste in Scheiben schneiden. Die restlichen Zutaten bis auf das Pflanzenöl zu einer Marinade verrühren und das Huhn darin 15 Minuten marinieren. Anschließend aus der Marinade nehmen und die Marinade beiseitestellen.
Die Hühnchenscheiben in einer Grillpfanne in dem erhitzten Pflanzenöl braten. Erst dann auf Holzspieße stecken.

So wird die Erdnusssauce gemacht:
Die restliche Marinade in den Mixer geben. Gesalzene Erdnüsse waschen, um sie vom Salz zu befreien, kurz mit Küchenpapier trocken tupfen. 1 Esslöffel zum Dekorieren beiseitestellen. Die restlichen Erdnüsse zu der Marinade geben und alles gut durchmixen. Die Sauce in einen Topf geben und zu einer leicht dicklichen Sauce einkochen. Abschmecken und eventuell mit Salz und Zucker nachwürzen.

So wird der Gurkensalat gemacht:
Die Salatgurke waschen und ungeschält in 1 cm große Würfel schneiden. Den Weißweinessig mit Zucker, Salz, Schalottenstreifen und gehackter Chili zu einer Marinade verrühren und unter die Gurkenwürfel mischen.

So richte ich an:
Die Erdnusssauce über die Hühnchenspieße geben. Mit den restlichen Erdnüssen und dem Koriander bestreuen. Den Gurkensalat extra dazu reichen.

Tipp:
Schmeckt auch spitze vom Grill. Achtung: dafür die Holzspieße vorher 30 Minuten wässern – sie verbrennen dann nicht so schnell!

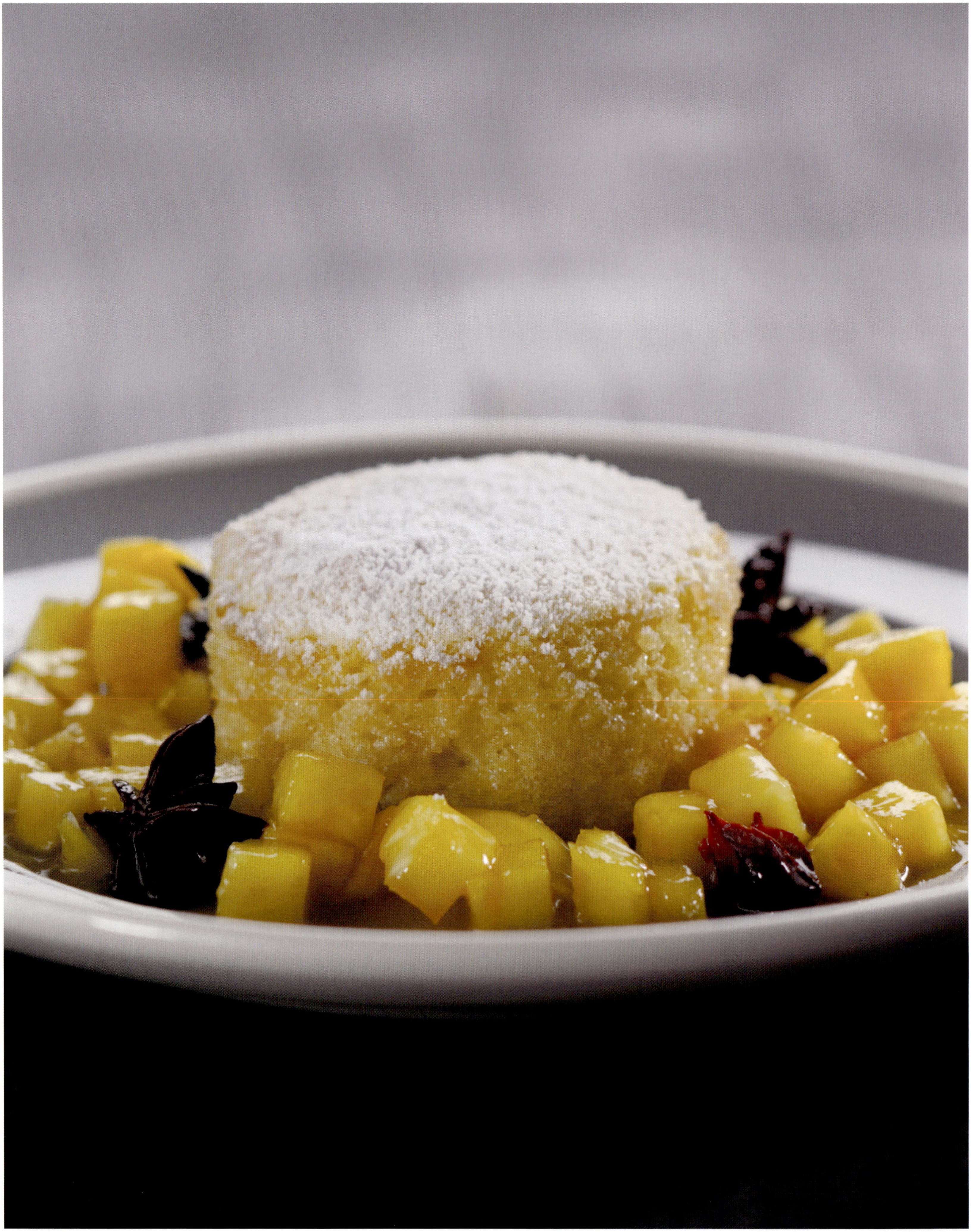

KOKOS-SOUFFLÉ MIT GEWÜRZ-ANANAS

Für 4 Personen
40 Minuten
Handicap: Sehr einfach

Kokos-Soufflé:
150 ml ungesüßte Kokosmilch
15 g Butter
35 g Zucker
1 Prise Salz
25 g Grieß
30 g Kokosraspel
2 Eier
Butter und brauner Zucker für die Förmchen
Puderzucker zum Bestäuben

Gewürz-Ananas:
200 g frische Ananas
50 g Zucker
75 ml Orangensaft
1 Lorbeerblatt
½ TL Ingwer, frisch gerieben
1 Sternanis
1 Gewürznelke
Maisstärke zum Binden

So wird das Kokos-Soufflé gemacht:
Den Backofen auf 150 Grad Umluft vorheizen. Die Kokosmilch mit der Butter, 15 g Zucker und dem Salz zum Kochen bringen. Den Grieß und die Kokosraspel dazugeben. Mit einem Holzlöffel bei mittlerer Hitze so lange rühren, bis sich der Teig als Kloß vom Topf löst. Den Teig in eine Schüssel geben und etwas abkühlen lassen. Die Eier trennen und die Eigelbe nacheinander unter den Teig rühren.
4 Souffléförmchen oder Tassen mit Butter ausfetten und mit braunem Zucker ausstreuen. Das Eiweiß mit den restlichen 20 g Zucker steif schlagen. Ein Drittel des Eischnees unter die Kokosmasse rühren, dann den Rest vorsichtig unterheben. Die Masse in die Förmchen verteilen. Die Förmchen in eine Auflaufform stellen und diese mit so viel Wasser füllen, dass die Förmchen etwa 2 cm hoch im Wasser stehen. Die Soufflés im vorgeheizten Ofen etwa 35 Minuten backen.

So wird die Gewürz-Ananas gemacht:
Die frische Ananas schälen, vom Strunk und den Augen befreien und in kleine Würfel schneiden. Den Zucker in einer kleinen Pfanne karamellisieren, den Orangensaft zugießen und aufkochen. Die Gewürze hinzugeben und alles mit ein wenig Maisstärke binden. Den Fond über die Ananaswürfel geben.

So richte ich an:
Die fertigen Soufflés aus dem Ofen nehmen. Die Ränder der Soufflés mit einem kleinen Messer lösen und die Soufflés vorsichtig aus den Formen stürzen. Auf Teller geben, mit Puderzucker bestäuben und mit dem Ananaskompott servieren.

Tipp:
Die Gewürz-Ananas am besten am Tag zuvor machen – der Geschmack wird dann noch besser!

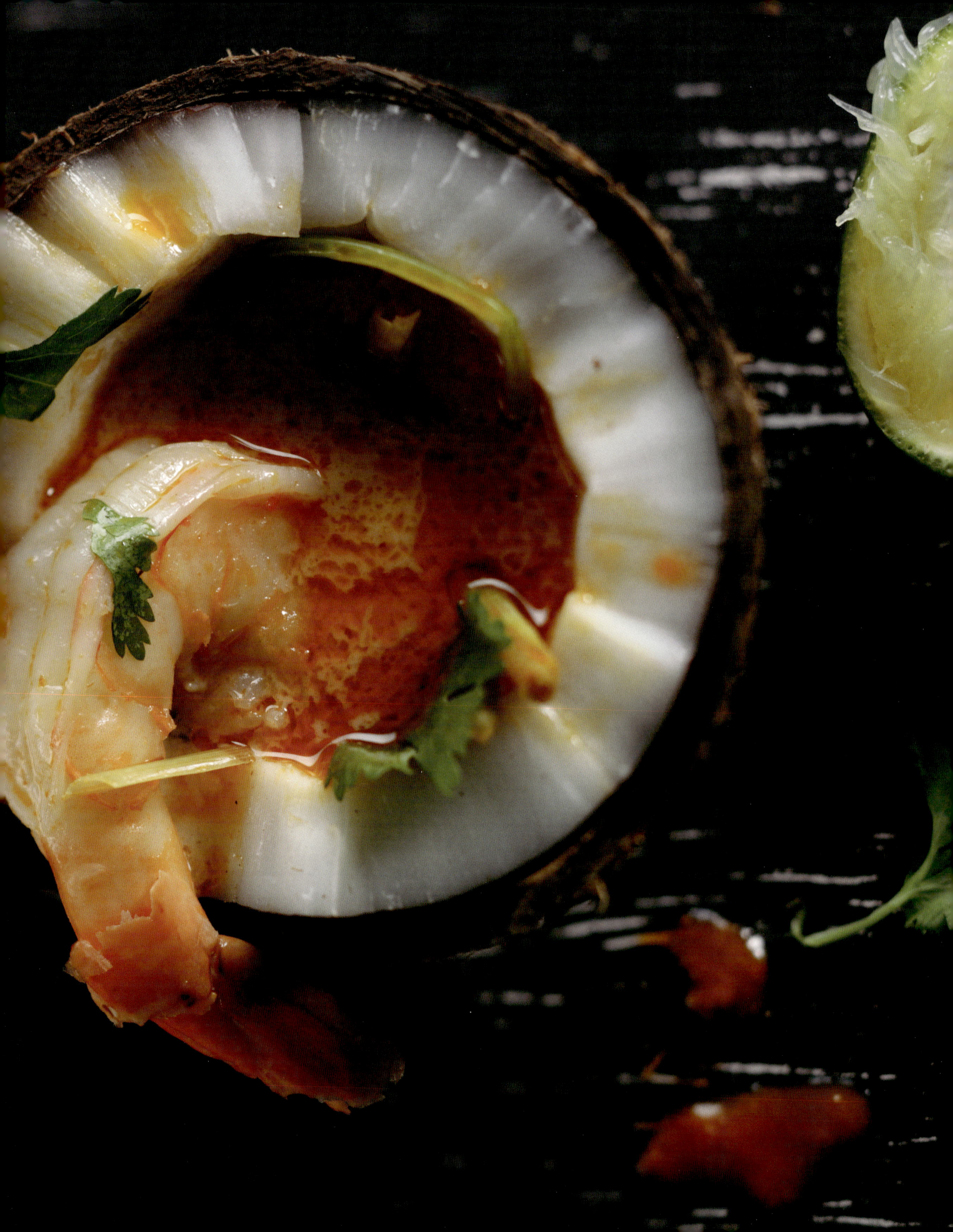

SCHARFE KOKOSSUPPE MIT ZITRONENGRAS UND GARNELEN

Für 2 Personen
30 Minuten
Handicap: Extrem einfach

Kokossuppe:
1 Kokosnuss
1 Stängel Zitronengras
2 TL Pflanzenöl
1 EL Tom-Kha-Gai-Paste (aus dem Asia-Shop)
½ l Fisch- oder Hühnerbrühe (Achtung: glutamatfreies Produkt kaufen!)
250 ml Kokosmilch und die Milch aus der frischen Kokosnuss
2 dicke Scheiben frischer Ingwer
8 rohe Garnelen mit Schwanzteil
1 TL Zucker
½ EL Sojasauce
1 EL Limettensaft
2 EL Koriander, frisch gehackt

So wird's gemacht:
Auf der Oberseite der Kokosnuss die drei Augen suchen, eines davon ist weich und lässt sich mühelos mit einem großen Nagel oder der Spitze eines Messers einstechen. Die Kokosmilch durch diese Öffnung ablaufen lassen und beiseitestellen. Die einfachste Art, die Kokosnuss nun zu öffnen, ist, sie rund 30 Minuten bei 170 Grad in den Ofen zu legen. Danach abkühlen lassen und, wenn sie nicht von allein bricht, mit einem Messerrücken auf die Nuss schlagen, sodass sie in zwei Hälften aufspringt.
Das Zitronengras bis zur Wurzel aufschlitzen, aber nicht durchschneiden. Das Öl und die Tom-Kha-Gai-Paste in einem großen Topf bei mittlerer Hitze aufkochen und unter Rühren etwa 1 Minute kochen lassen. Zitronengras, Brühe, die gesamte Kokosmilch und den Ingwer dazugeben und alles etwa 4 Minuten köcheln lassen. Die Garnelen hinzufügen und weitere 2 Minuten köcheln lassen. Zucker, Sojasauce und Limettensaft unterrühren.

So richte ich an:
Die fertige Suppe in die Kokosnusshälften füllen, dabei das Zitronengras und die Ingwerscheiben entfernen.
Die Suppe mit dem Koriandergrün bestreuen und servieren.

Tipp:
Damit die Kokosnuss beim Anrichten und Essen nicht verrutscht, einen kleinen Backring in einen tiefen Teller geben und die Kokosnuss daraufsetzen. Erst dann die Suppe einfüllen. Beim Essen das Kokosnussfleisch innen abschaben und mitessen.

WAS MACHE ICH MIT PFIRSICH?

IDEAL-ZUSTAND

NORMAL-ZUSTAND

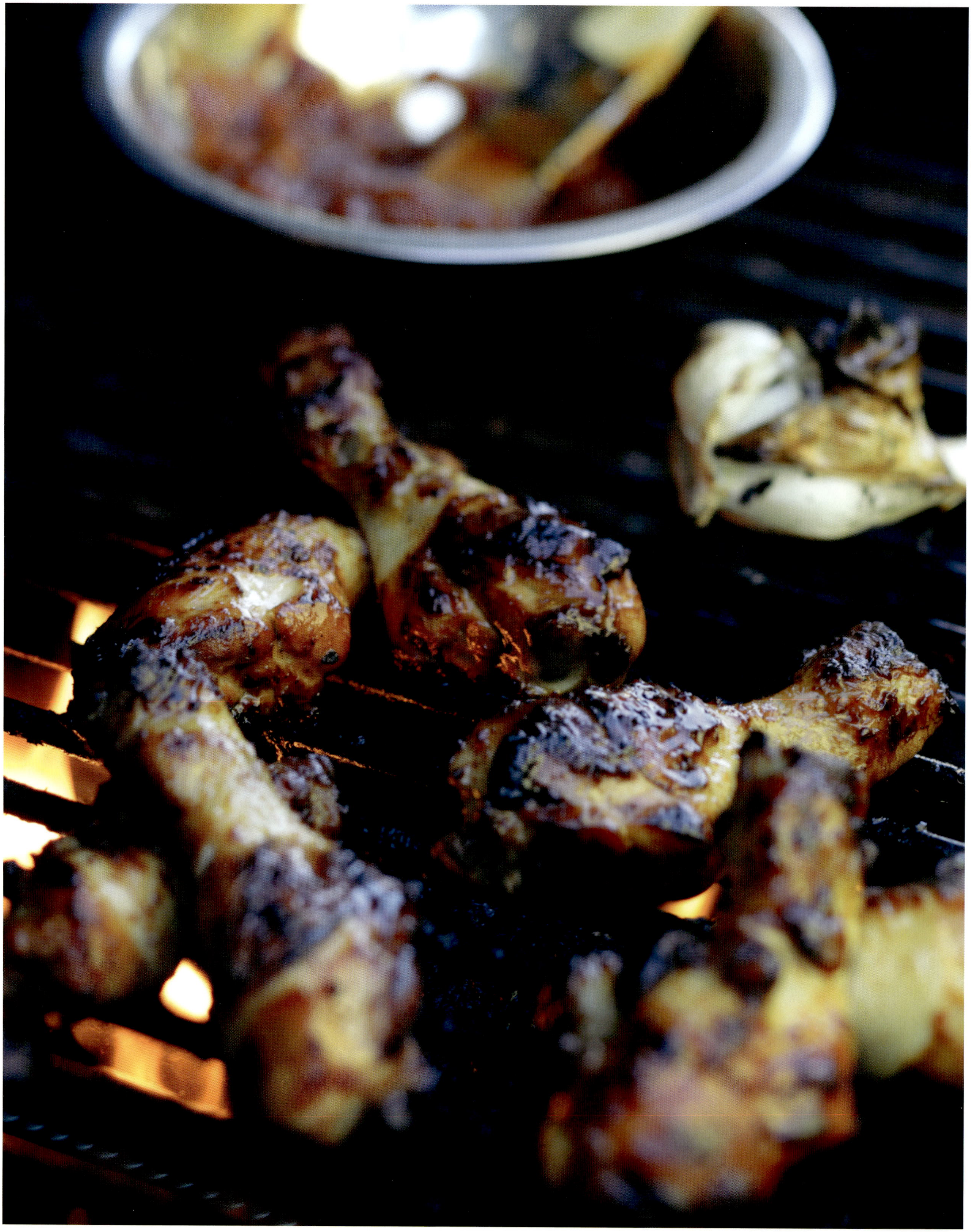

GRILLHÄHNCHEN MIT PFIRSICH-BARBECUE-SAUCE

Für 2-6 Personen
30 Minuten
Handicap: Sehr einfach

Pfirsich-Barbecue-Sauce:
1 Bund Thymian
1 Scheibe Speck
3 EL Olivenöl
½ Zwiebel, fein gehackt
2 Knoblauchzehen, fein gehackt
1 EL brauner Zucker
2 EL Weißweinessig
200 g Pfirsiche aus der Dose, abgetropft, klein geschnitten
200 g Ketchup
1 EL Honig
1 EL Senf
1 TL gemahlener Kreuzkümmel
1 TL geräuchertes oder ersatzweise normales Paprikapulver
Meersalz und schwarzer Pfeffer aus der Mühle

Grillhähnchen:
1 Stück frischer Ingwer (ca. 20 g), geschält
2 Knoblauchzehen, geschält
1 EL Honig
4 EL Olivenöl
1 EL edelsüßes Paprikapulver
1-2 TL Salz
2 TL gemahlener Kreuzkümmel
Hähnchenteile je nach Anzahl Personen
(es eignen sich alle Teile davon)

So wird die Pfirsich-Barbecue-Sauce gemacht:
Den Thymian in die Scheibe Speck einwickeln und diese mit Küchengarn zusammenbinden. Das Olivenöl erhitzen, Zwiebel und Knoblauch darin kurz anschwitzen. Mit dem Zucker bestreuen und diesen kurz karamellisieren, dann mit dem Essig ablöschen. Pfirsiche, Ketchup, Honig und Senf zugeben und mit den Gewürzen abschmecken. Den mit Speck umwickelten Thymian zugeben und alles 20 Minuten kochen lassen; ab und an umrühren, damit nichts anbrennt. Anschließend den Thymian herausnehmen, die noch heiße Sauce in eine saubere Glasflasche geben und diese verschließen.

So wird das Grillhähnchen gemacht:
Ingwer, Knoblauch, Honig, Olivenöl und die Gewürze im Mixer mischen und anschließend die Hühnerteile damit marinieren - je länger man sie mariniert, desto intensiver wird der Geschmack. Wenn man es eilig hat, reichen schon mal 15 Minuten.
Die Hähnchenteile aus der Marinade nehmen und auf dem vorgeheizten Grill oder in der Pfanne gar braten. Die Hühnchenteile dabei immer wieder mit der Barbecuesauce bestreichen.

Tipp:
Wer Cola im Haus hat, kann einen Schuss davon in die Sauce geben. Für dieses Rezept eignen sich super die kleinen Hähnchen-Unterkeulen - dazu noch hausgemachte Chips.

Hmmm, lecker...

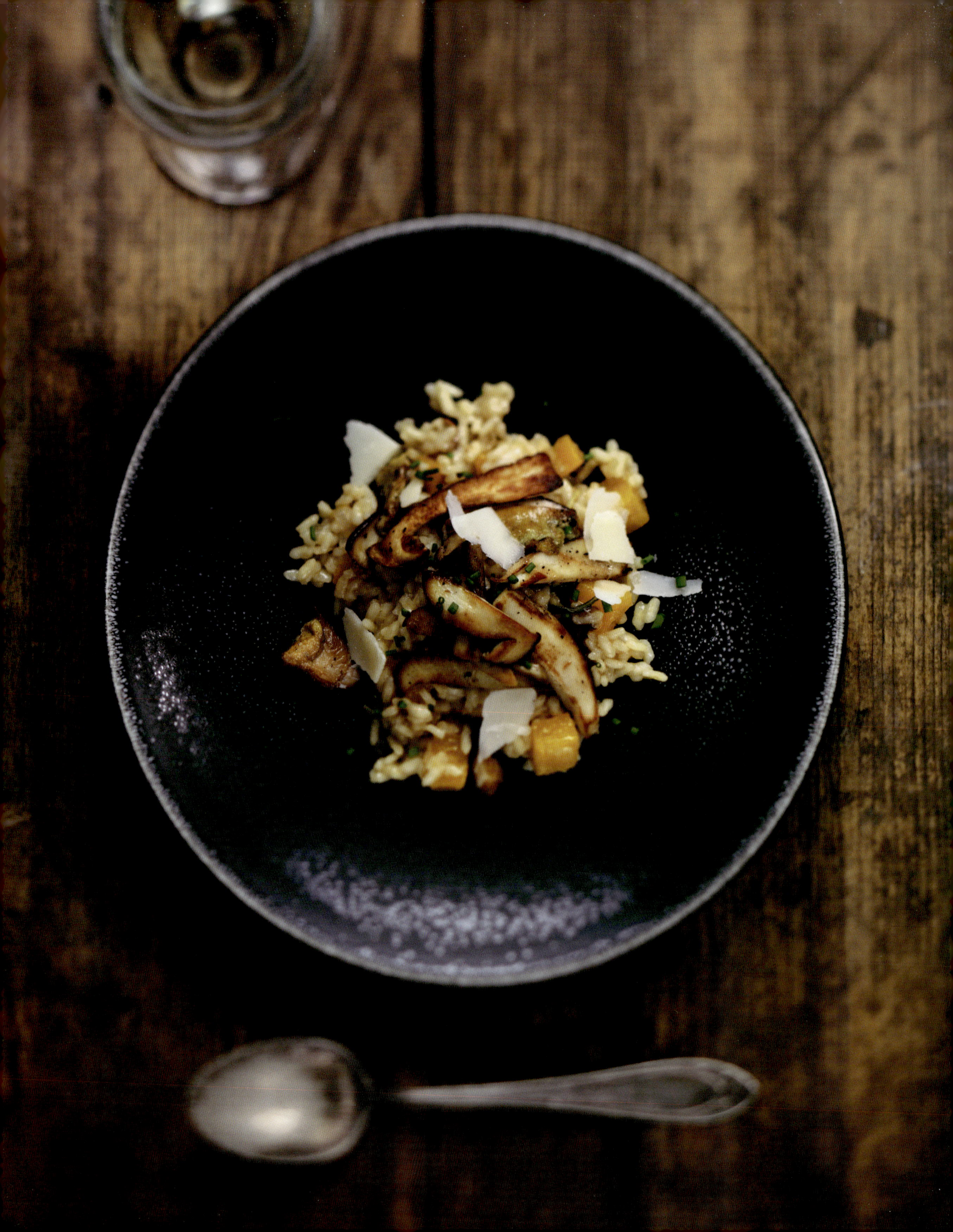

STEINPILZ-PFIRSICH-RISOTTO

Für 2 Personen
30 Minuten
Handicap: Sehr einfach

10 g getrocknete Steinpilze
350 ml Wasser, kochend heiß
2 Schalotten, fein gewürfelt
1 Knoblauchzehe, geschält, fein zerdrückt
3 EL Olivenöl
125 g Risottoreis
100 ml Weißwein
100 g Pfirsich aus der Dose, abgetropft, klein gewürfelt
40 g Parmesan, fein gerieben
50 g Butter
Meersalz und schwarzer Pfeffer aus der Mühle
1 TL Rosmarin, frisch gehackt
4 frische Steinpilze, geputzt, der Länge nach in Scheiben geschnitten
40 g Parmesan, am Stück, grob gehobelt
6 Schnittlauchhalme, in Röllchen geschnitten

So wird's gemacht:
Die getrockneten Steinpilze mit dem kochend heißen Wasser übergießen und 20 Minuten einweichen, danach durch ein Kaffeefilterpapier abgießen und das Einweichwasser dabei auffangen. Die Steinpilze in Streifen schneiden.
Schalotten und Knoblauch in 2 Esslöffel erhitztem Olivenöl anschwitzen, ohne Farbe annehmen zu lassen. Die Steinpilzstreifen beifügen und 1-2 Minuten mitdünsten. Den Risottoreis zugeben und kurz mit anschwitzen. Mit dem Weißwein ablöschen und unter Rühren den Alkohol verdampfen lassen. Das Pilzwasser wieder erhitzen und portionsweise immer so viel dazugießen, dass der Reis gerade bedeckt ist. Auf diese Weise den Reis bei milder Hitze insgesamt 15 Minuten unter Rühren garen. Die Pfirsichwürfel dazugeben und weitere 5-10 Minuten garen. Kurz vor dem Servieren den geriebenen Parmesan und die Butter unter den Reis heben. Mit Salz, Pfeffer und Rosmarin abschmecken.
Die frischen Steinpilze in dem restlichen Esslöffel Olivenöl von beiden Seiten kurz anbraten und würzen.

So richte ich an:
Den Risotto anrichten und die gebratenen Steinpilzscheiben darübergeben. Mit dem gehobelten Parmesan und Schnittlauchröllchen bestreut servieren.

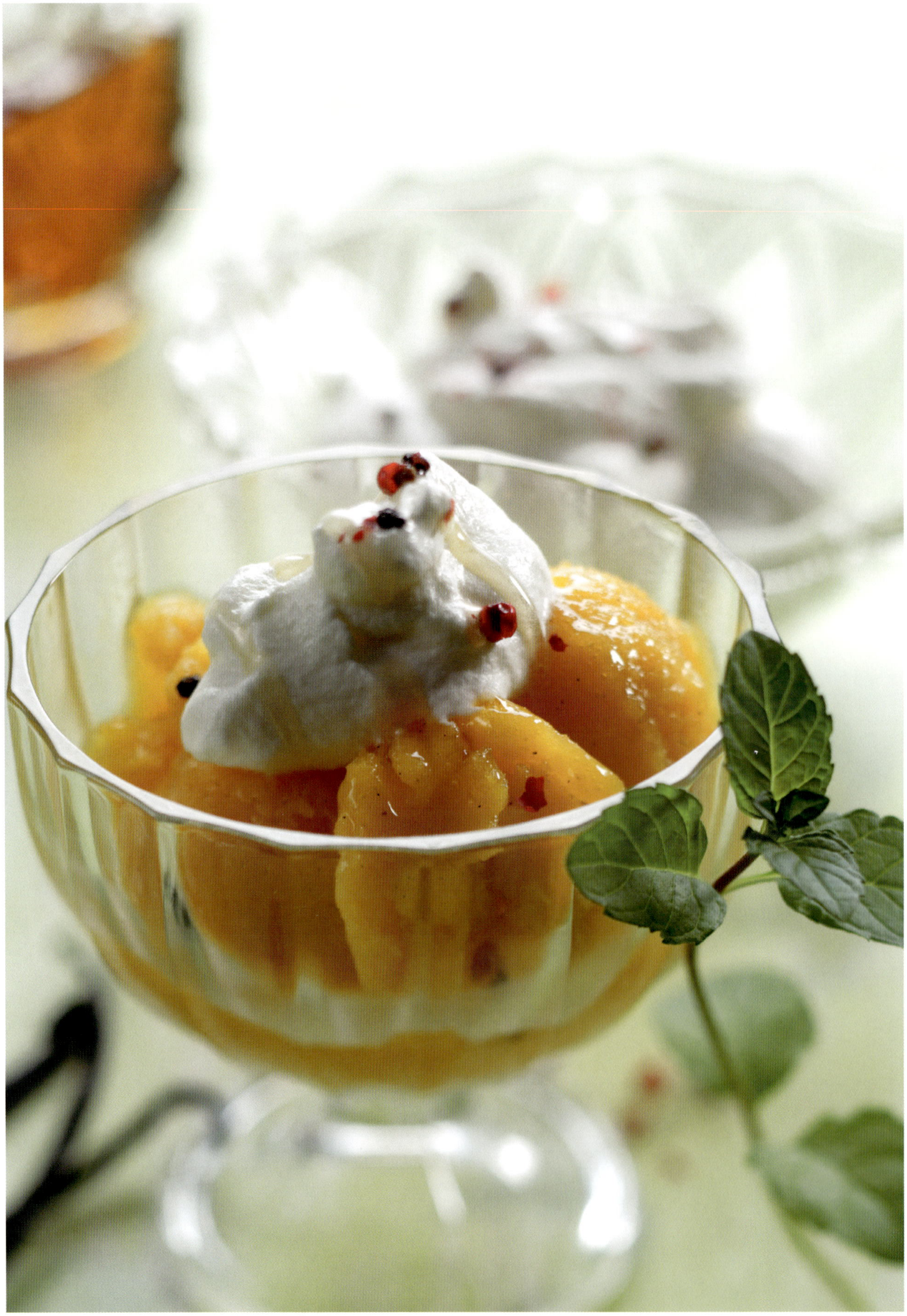

PFIRSICHSORBET MIT AHORNSIRUP-SAHNE

Für 2 Personen
10 Minuten plus ca. 3 Stunden Gefrierzeit
Handicap: Extrem leicht

Pfirsichsorbet:
1 große Dose Pfirsiche
1 unbehandelte Zitrone, Saft und abgeriebene Schale
1 Vanilleschote, ausgekratztes Mark, oder ersatzweise
etwas Vanillezucker

Ahornsirup-Sahne:
125 ml Sahne
½ TL rosa Pfefferkörner, zerstoßen
1–2 EL Ahornsirup oder Honig
einige Pfefferbeeren und 1–2 Minzeblättchen

So wird das Pfirsichsorbet gemacht:
Die Pfirsiche samt Saft in das Mixerglas geben, Zitronensaft und Vanillemark beifügen und alles fein pürieren. Die Pfirsichmasse in Eiswürfelbehälter füllen und 2-3 Stunden gefrieren lassen. Anschließend die gewünschte Menge an gefrorenem Pfirsicheis erneut in den Mixer geben und zu einem Sorbet verarbeiten – sofort servieren!

So wird die Ahornsirup-Sahne gemacht:
Die Sahne steif schlagen, rosa Pfeffer und Ahornsirup vorsichtig darunterziehen.

So richte ich an:
Das Sorbet mit der Ahornsirup-Sahne servieren, einige Pfeferbeeren und Minzeblättchen on the top – perfekt! Was auch noch gut passt: das Sorbet in Gläser geben und mit Martini Royal Bianco auffüllen.

Tipp:
Für dieses Sorbet eignet sich übrigens jede Dosenfrucht.

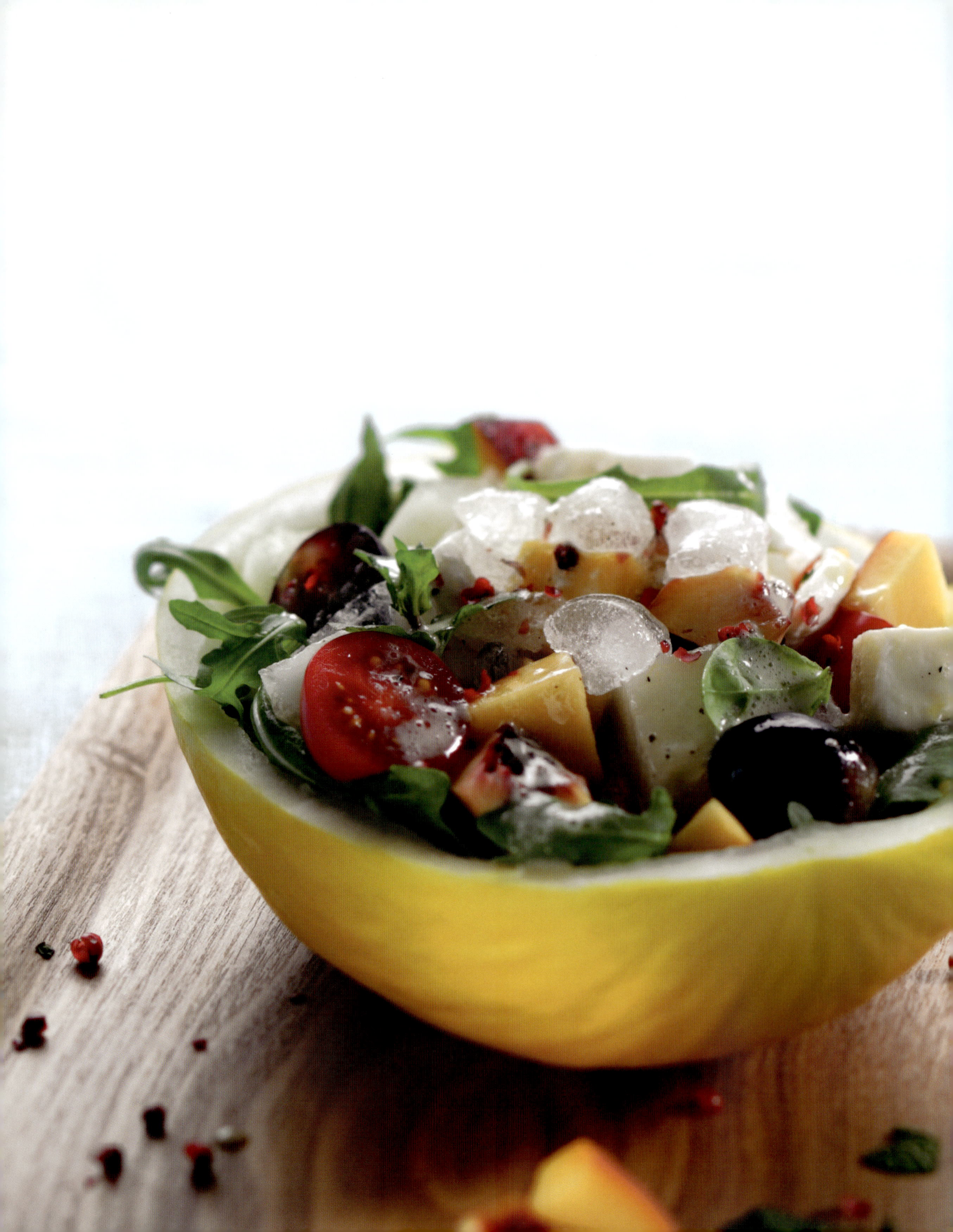

PFIRSICH-MELONEN-SALAT MIT BÜFFELMOZZARELLA

Für 4 Personen
25 Minuten
Handicap: Extrem einfach

1 Honigmelone
1 Kugel Büffelmozzarella
2 Pfirsiche, entsteint, klein gewürfelt
100 g kleine kernlose Trauben, halbiert
8 Cocktailtomaten, halbiert
1 Bund Rucola
2 EL Honig
1 EL weißer Balsamicoessig
½ Zitrone, Saft
2 EL Olivenöl
Meersalz und schwarzer Pfeffer aus der Mühle
etwas Crushed Eis
1 TL Minze, gehackt
1 TL Basilikum, gehackt
½ TL rosa Pfefferkörner, leicht zerdrückt

So wird's gemacht:
Die Melone halbieren, entkernen, das Fruchtfleisch aus der Schale lösen und würfeln. Die Melonenschalen zum Anrichten beiseitestellen. Den Büffelmozzarella abtropfen lassen und in mundgerechte Stücke schneiden. Zusammen mit den Früchten, den Tomaten und dem Rucola in eine Schüssel geben. Für das Dressing Honig, Essig, Zitronensaft und Olivenöl in ein hohes Gefäß geben und mit dem Stabmixer verquirlen. Mit Salz und Pfeffer abschmecken. Den Salat mit der Marinade vermischen.

So richte ich an:
Den Salat in die Melonenhälften füllen und jeweils etwas Crushed Eis darübergeben. Mit der Minze, dem Basilikum und rosa Pfefferkörnern bestreut servieren.

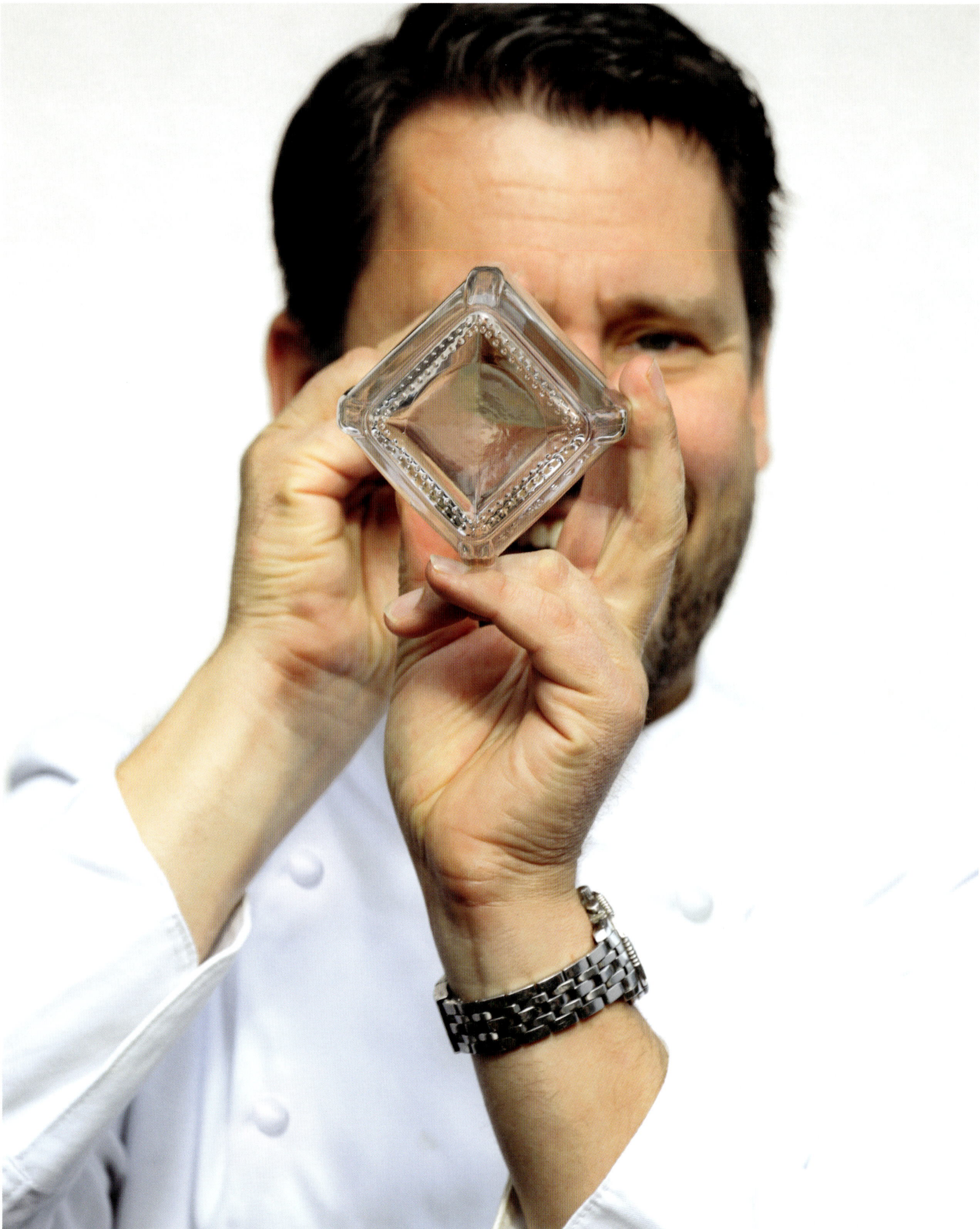

AUS DEM GLAS

63 ajvar

73 kapern

83 perlzwiebeln

93 rote bete

103 schattenmorellen

WAS MACHE ICH MIT AJVAR?

IDEAL-ZUSTAND

NORMAL-ZUSTAND

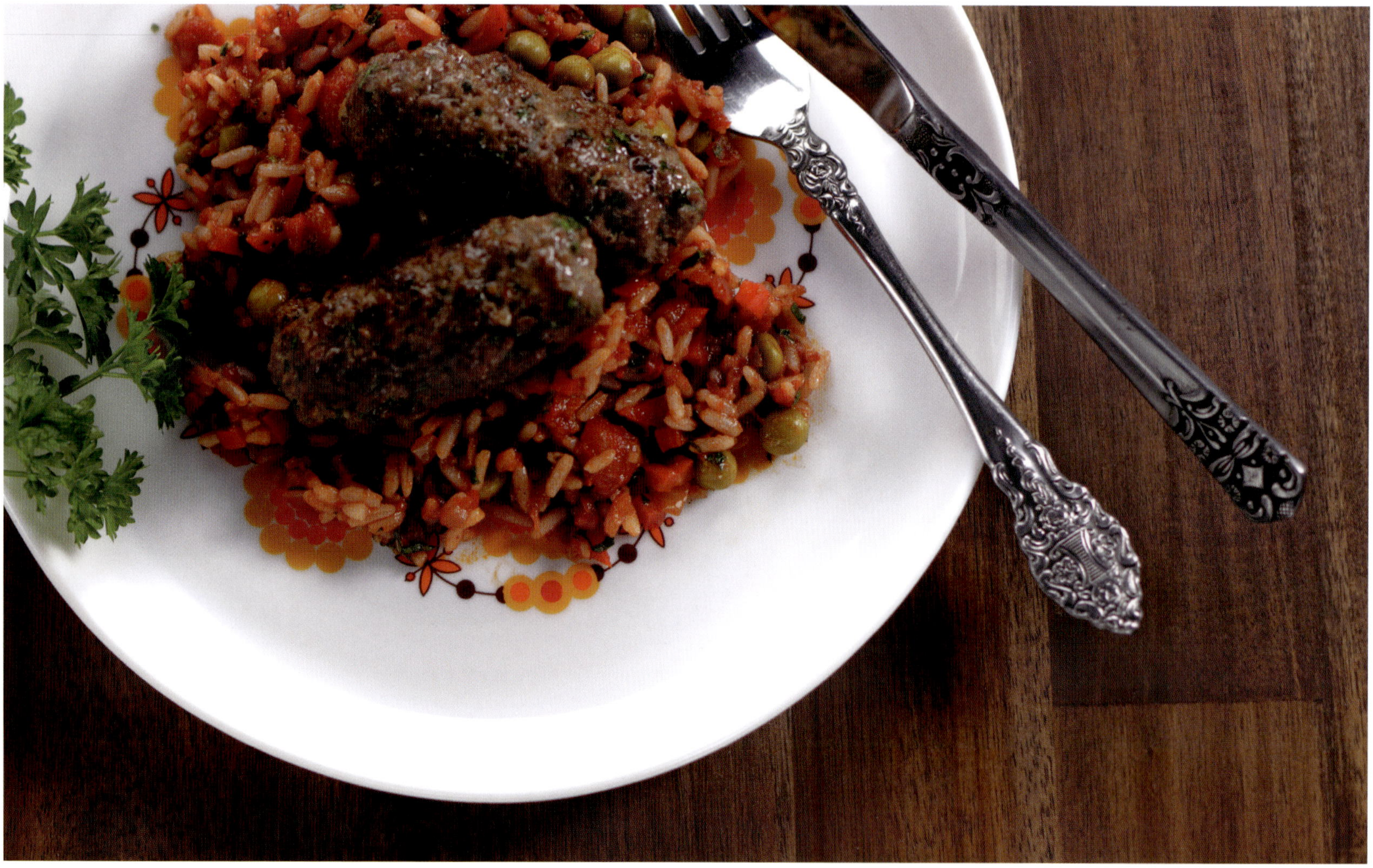

CEVAPCICI MIT DJUVEC-REIS

Für 2-4 Personen
30 Minuten
Handicap: Sehr einfach

Cevapcici:
250 g Rinderhackfleisch (für original Ćevapčići
200 g Lammhackfleisch anstelle von Rind)
1 Zwiebel, geschält
2 Knoblauchzehen, geschält
1 EL Petersilie, fein gehackt
½ TL Paprikapulver
Meersalz und schwarzer Pfeffer aus der Mühle
1 TL Backpulver
1 EL Olivenöl

Djuvec-Reis:
1 Zwiebel, fein gehackt
1 Knoblauchzehe, fein gehackt
2 EL Olivenöl
½ rote Paprikaschote, entkernt, fein gewürfelt
150 g Langkornreis
1 EL Tomatenmark
1 Schuss Rotwein
150 ml Rinder-, Geflügel- oder Gemüsebrühe (ohne Glutamat, aus dem Reformhaus)
1 kleine Dose Tomaten in Stücken
3 EL Ajvar
1 TL edelsüßes Paprikapulver
Meersalz und schwarzer Pfeffer aus der Mühle
1 EL Petersilie, fein gehackt
50 g tiefgekühlte Erbsen, aufgetaut

So werden die Cevapcici gemacht:
Das Hackfleisch in eine Schüssel geben, die Zwiebel und den Knoblauch dazureiben. Petersilie, Gewürze und Backpulver daruntermengen und alles mit den Händen gut durchkneten. Aus dem Fleischteig 2 cm dicke und 5 cm lange Würstchen formen. Diese auf ein Brett legen und 30 Minuten ruhen lassen, damit das Backpulver quellen kann und das Hackfleisch etwas bindet. Kurz vor dem Servieren das Olivenöl in einer Pfanne erhitzen und die Cevapcici darin rundum anbraten.

So wird der Djuvec-Reis gemacht:
Zwiebel und Knoblauch in dem erhitzten Olivenöl glasig dünsten, die Paprikawürfel hinzufügen und leicht mitbraten. Den Reis in einem Sieb unter fließendem Wasser gründlich waschen, abtropfen lassen und dazugeben. Das Tomatenmark unterrühren und kurz mitbraten, mit dem Rotwein ablöschen. Brühe, Tomatenstücke und Ajvar dazugeben und alles mit Paprikapulver, Salz und Pfeffer abschmecken. Etwa 20 Minuten auf kleiner Stufe köcheln lassen, dabei ab und zu umrühren. Die Petersilie und die Erbsen dazugeben und kurz mitköcheln lassen. Nochmals abschmecken und mit den Cevapcici servieren.

Tipp:
Hierzu passt ein Dip aus Joghurt oder Sauerrahm, mit etwas Salz und Pfeffer abgeschmeckt.

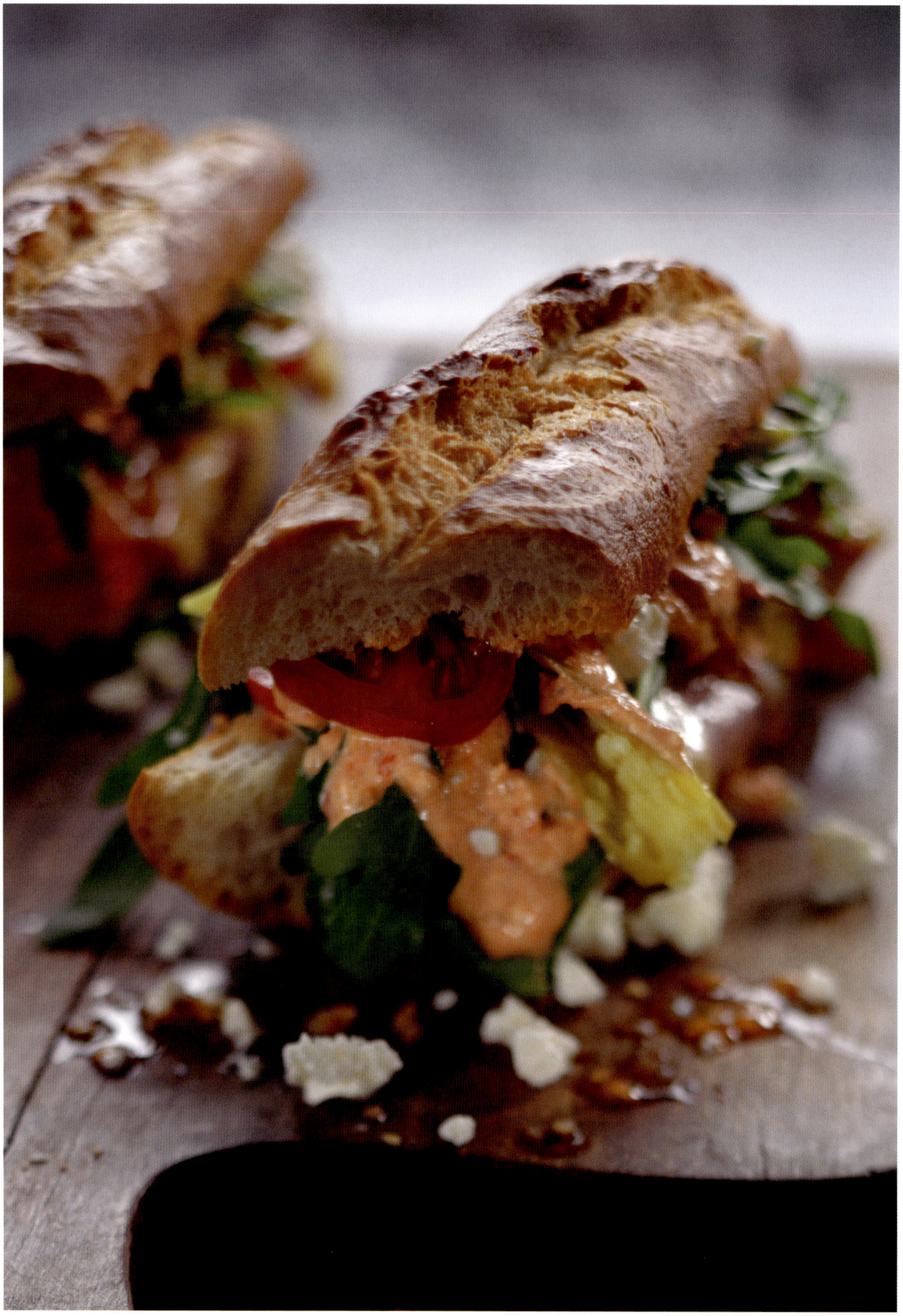

AJVAR-CROQUE

Für 2 Personen
15 Minuten
Handicap: Extrem einfach

Ajvar-Joghurt:
150 g Ajvar
100 g Joghurt
Meersalz und schwarzer Pfeffer aus der Mühle

Croque:
2 kleine Baguettes à 100 g
120 g gekochter Schinken, in Scheiben
1 Tomate, in Scheiben geschnitten
je ½ rote und gelbe Paprikaschote, entkernt, in Streifen geschnitten
Meersalz und schwarzer Pfeffer aus der Mühle
100 g Emmentaler, in Scheiben
50 g Feta-Käse, zerbröckelt
4 Peperoni (scharfe Pfefferschoten) aus dem Glas, abgetropft, Stielansatz entfernt
40 g Rucola

So wird der Ajvar-Joghurt gemacht:
Den Ajvar mit dem Joghurt verrühren, mit Salz und Pfeffer abschmecken.

So wird das Croque gemacht:
Den Backofen auf 180 Grad Umluft vorheizen. Die Baguettes der Länge nach halbieren. Die beiden unteren Hälften mit dem Ajvar-Joghurt bestreichen, mit Schinken- und Tomatenscheiben sowie Paprikastreifen belegen. Mit Salz und Pfeffer würzen und abschließend mit dem Emmentaler belegen. Die belegten Baguettes im vorgeheizten Ofen 6–8 Minuten backen. Nach 4–6 Minuten Backzeit die oberen Hälften der Baguettes dazulegen und noch kurz mitbacken. Die überbackenen Baguettes mit dem zerbröckelten Feta, Peperoni und Rucola belegen. Zum Schluss mit dem restlichen Ajvar-Joghurt beträufeln – die Deckel aufsetzen, fertig!

Tipp:
So ein Croque gehört auf einem rustikalen Untergrund – zum Beispiel einem Holzbrettchen – angerichtet und serviert!

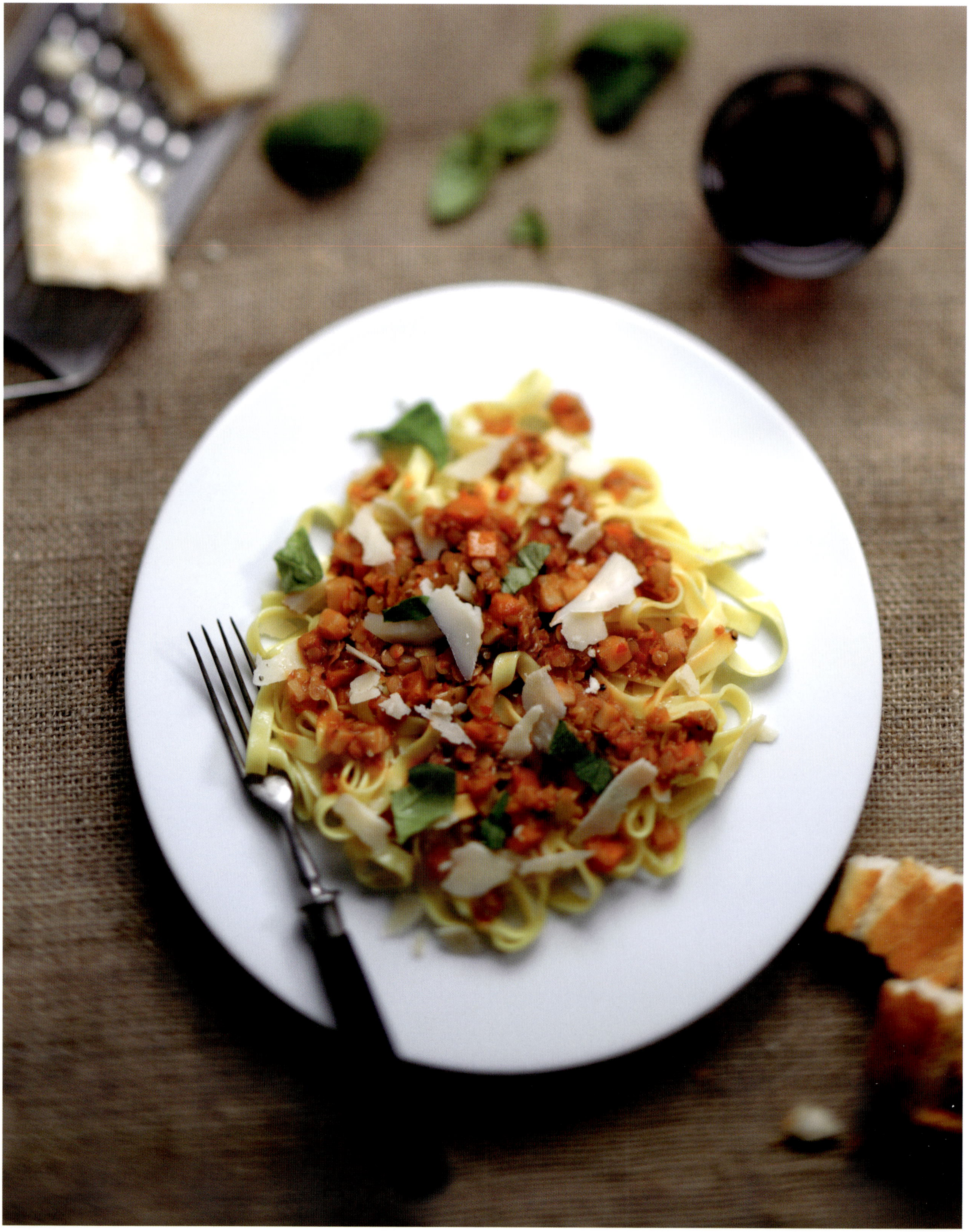

AJVAR-LINSEN-BOLOGNESE

Für 2-4 Personen
30 Minuten
Handicap: Sehr einfach

Ajvar-Linsen-Bolognese:
1 Zwiebel, fein gewürfelt
1 Knoblauchzehe, mit etwas Salz fein zerdrückt
2 EL Olivenöl
1 Bund Suppengrün, geschält bzw. gewaschen, klein gewürfelt
Meersalz und schwarzer Pfeffer aus der Mühle, Zucker
3–4 EL Ajvar
1 EL Tomatenmark
1 EL frischer Oregano, grob gehackt, ersatzweise getrockneter Oregano
80 ml Rotwein
250 ml Brühe
80 g rote Linsen

Pasta:
200 g Bandnudeln
Salz
Olivenöl
60 g Parmesan, einige Späne mit dem Sparschäler abgehoben, Rest fein gerieben

Zum Anrichten:
2 Basilikumspitzen, Blättchen abgezupft

So wird die Ajvar-Linsen-Bolognese gemacht:
Zwiebel und Knoblauch in dem erhitzten Olivenöl kurz andünsten. Das klein geschnittene Suppengrün bis auf den Lauch dazugeben, mit Salz, Pfeffer und etwas Zucker würzen. Ajvar, Tomatenmark und Oregano zugeben und kurz mitrösten; erst jetzt den Lauch zugeben. Mit Rotwein und Brühe aufgießen, dann die Linsen zugeben, kurz aufkochen und zugedeckt bei mittlerer Hitze etwa 20 Minuten garen. Dabei ab und zu umrühren. Abschmecken und eventuell nachwürzen.

So wird die Pasta gemacht:
Zwischenzeitlich die Bandnudeln in reichlich gut gesalzenem Wasser bissfest kochen. Abgießen, dabei etwas Kochwasser beiseitestellen. Die Nudeln in eine Schüssel geben, etwas von dem Kochwasser, einige Spritzer Olivenöl und den geriebenen Parmesan unterheben, bis die Pasta eine leicht cremige Konsistenz hat.

So richte ich an:
Die Ajvar-Linsen-Bolognese über die Pasta geben. Mit Parmesanspänen und Basilikumblättchen bestreut servieren.

Tipp:
Rote Linsen haben eine kurze Garzeit, da sie geschält sind. Sie enthalten wenig Fett und sind reich an Eiweiß und Kohlenhydraten – also ein top Sportler-Gericht!

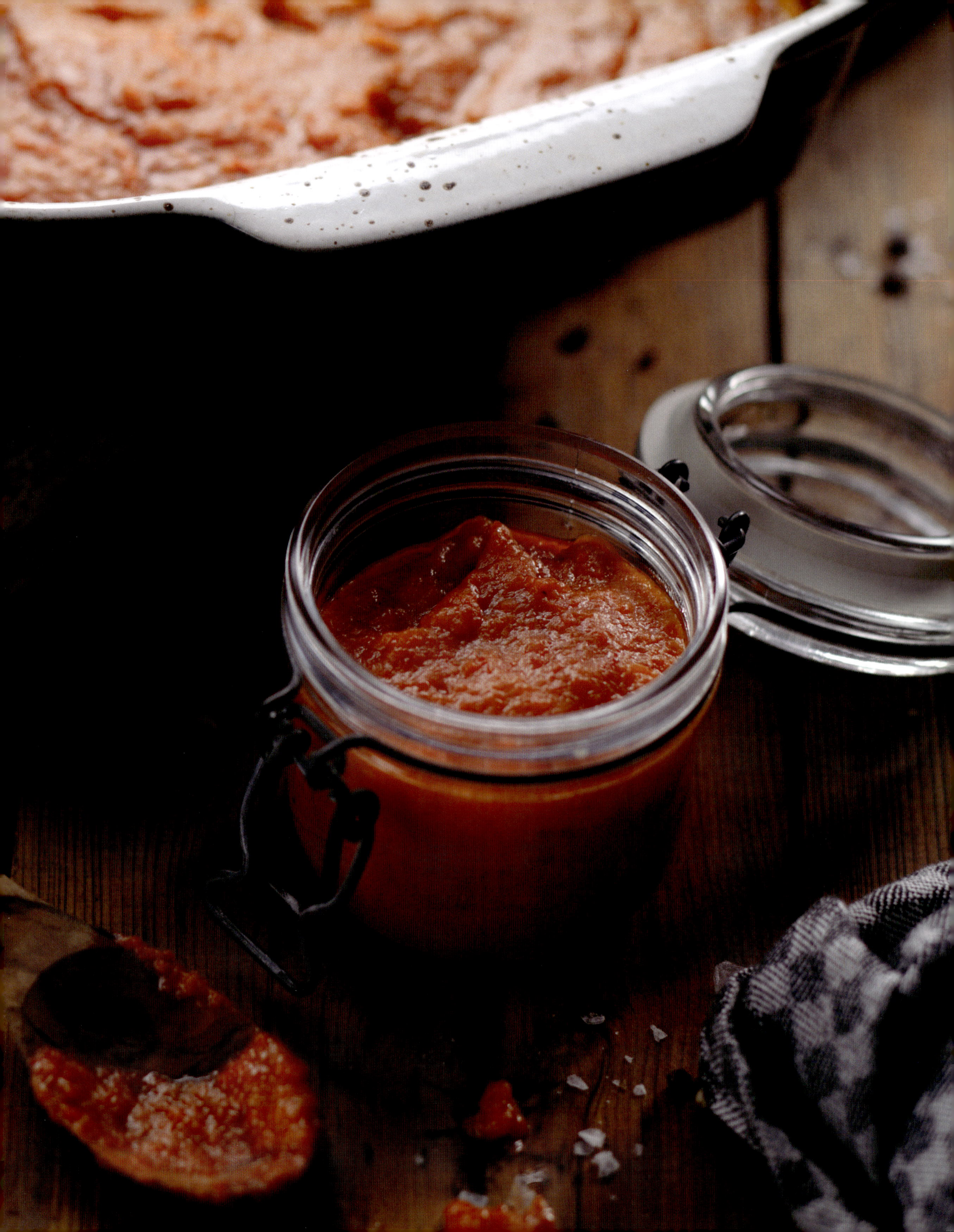

MIKES SPECIAL

AJVAR HAUSGEMACHT

Ergibt ca. 500 g
2 Stunden
Handicap: Sehr einfach

8 rote Paprikaschoten, entkernt, grob gewürfelt
2 Auberginen, geschält, grob geschnitten
5 Knoblauchzehen, fein gehackt
1 rote Peperoni (scharfe Pfefferschote), mit den Kernen klein gehackt
200 ml Weißweinessig
300 ml Sonnenblumenöl
Meersalz und schwarzer Pfeffer aus der Mühle
1 TL Zucker
100 ml Wasser
einige Tropfen Öl zum Beträufeln

So wird's gemacht:
Alle Zutaten zusammen mit dem Wasser in einen Topf geben und aufkochen. Unter ständigem Rühren etwa 15 Minuten bei kleiner Hitze köcheln lassen. Anschließend im Mixer oder mit dem Mixstab pürieren. Abschmecken und falls nötig mit Salz und Pfeffer nachwürzen.
Die Mischung in einen ofenfesten Bräter geben, mit einigen Tropfen Öl beträufeln und im Ofen bei 150 Grad Ober-/Unterhitze 1½–2 Stunden schmoren. Zwischendurch immer wieder umrühren – so erhält der Ajvar eine schöne Konsistenz und den typischen Schmorgeschmack.

Tipp:
Ajvar lässt sich prima auf Vorrat kochen. Die heiße Masse in heiß ausgespülte, verschließbare Gläser füllen, für einige Minuten zurück in den Ofen geben und anschließend bei Zimmertemperatur auskühlen lassen.

Alternativen:

Dip:
100 g Ajvar
1 Becher Schmand (Sauerrahm)
2 EL Feta-Käse, zerbröckelt
1 kleine Chilischote, entkernt, fein gehackt
2 EL Orangensaft
1 EL Koriander, fein gehackt (ersatzweise Petersilie)
Salz und Pfeffer aus der Mühle

Alle Zutaten miteinander verrühren, fertig!

Dressing:
100 g Ajvar
1 Becher Joghurt
1 EL Balsamicoessig
etwas Honig
1 EL fein gewürfelte nach Belieben verschiedenfarbige Paprikaschote
Salz und Pfeffer aus der Mühle

Alle Zutaten miteinander verrühren, fertig!

Aufstrich:
100 g Ajvar
ca. 200 g Frischkäse
1 EL Schnittlauch, in Röllchen geschnitten
Salz und Pfeffer aus der Mühle

Alle Zutaten miteinander verrühren, fertig!

Grillmarinade:
100 g Ajvar
1 kleines Glas grüner Pfeffer, abgetropft und fein gehackt
1 kleine Chilischote, entkernt, fein gehackt
Salz und Pfeffer aus der Mühle

Alle Zutaten miteinander verrühren, fertig!

WAS MACHE ICH MIT KAPERN?

IDEAL-ZUSTAND

NORMAL-ZUSTAND

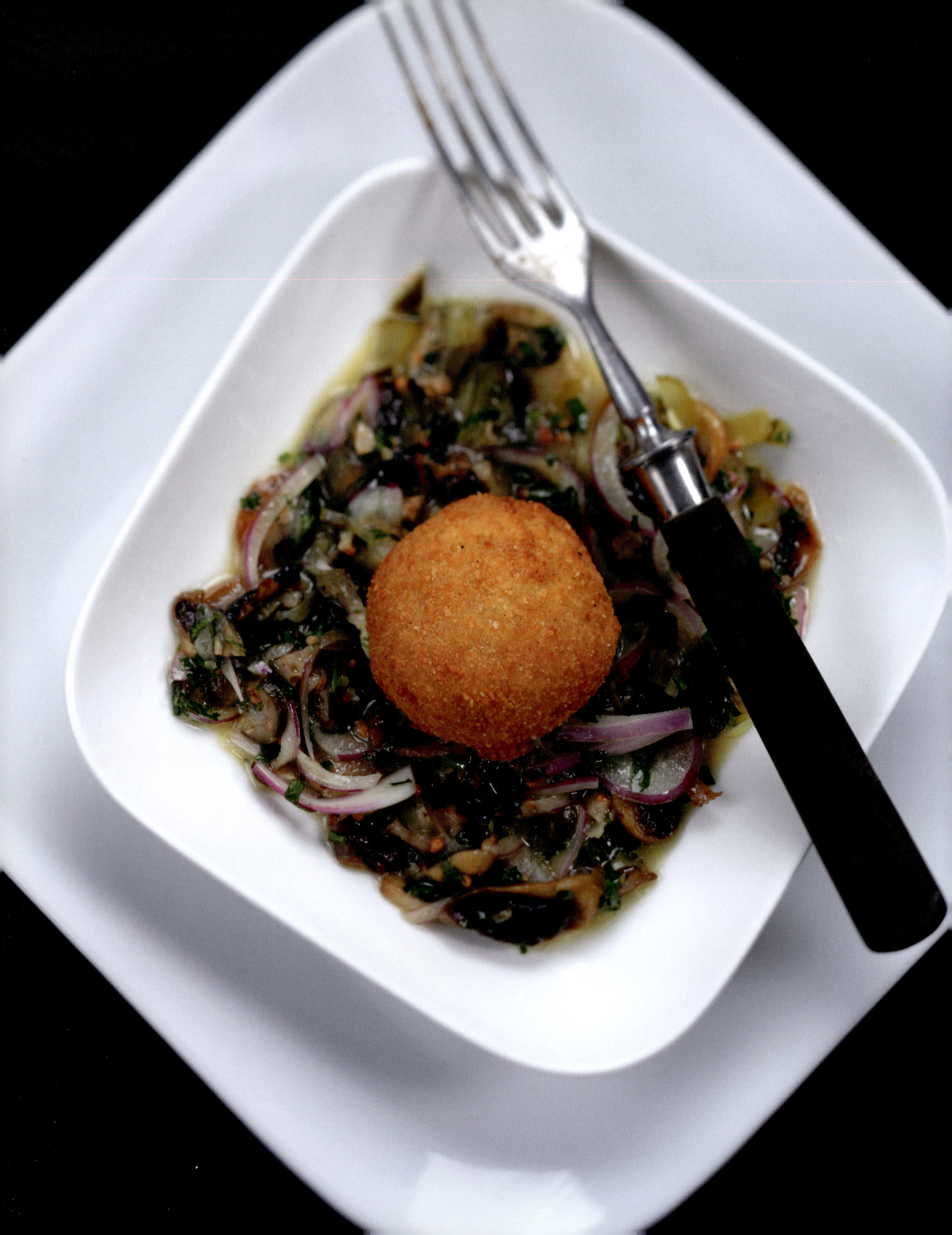

CHILIBÄLLCHEN MIT KAPERNSAUCE

Für 2 Personen
20 Minuten
Handicap: Sehr einfach

Chilibällchen:
1 Hähnchenbrust
1 EL Sweet Chili Sauce
1 TL glatte Petersilie, fein gehackt
Meersalz und schwarzer Pfeffer aus der Mühle
1 Ei, leicht verschlagen, Mehl und Semmelbrösel zum Wenden
Pflanzenöl zum Ausbacken

Kapernsauce:
50 g Champignons, geputzt, in Scheiben geschnitten
Olivenöl
2 EL Gurkensud (aus dem Gurkenglas)
1 EL Weißweinessig
½ TL Dijonsenf
2–3 EL Olivenöl
Meersalz und schwarzer Pfeffer aus der Mühle
Honig nach Belieben
1 kleine rote Zwiebel, in feine Streifen geschnitten
1 Gewürzgurke, fein gehackt
1 TL Kapern, abgetropft, fein gehackt
1 TL Petersilie, fein gehackt

So werden die Chilibällchen gemacht:
Die Hähnchenbrust im Mixer oder Cutter zu einer Farce mixen oder durch die feine Scheibe des Fleischwolfs drehen. Mit Sweet Chili Sauce, Petersilie sowie Salz und Pfeffer abschmecken. Aus der Fleischmasse mit den Händen kleine Kugeln formen. Ei, Mehl und Semmelbrösel getrennt in tiefen Tellern bereitstellen. Die Fleischbällchen zuerst in Mehl, dann im Ei und zum Schluss in den Bröseln wenden. Pflanzenöl erhitzen und die Bällchen darin ausbacken.

So wird die Kapernsauce gemacht:
Die Champignons in Olivenöl scharf anbraten, dann zur Seite stellen. Den Gurkensud mit Weißweinessig, Dijonsenf und Olivenöl verrühren, mit Salz und Pfeffer abschmecken. Nach Belieben mit etwas Honig abrunden. Zwiebelstreifen, Gewürzgurke, Kapern und Petersilie dazugeben. Zum Schluss die Champignonscheiben untermischen.

So richte ich an:
Die gebackenen Chilibällchen auf der Kapernsauce anrichten.

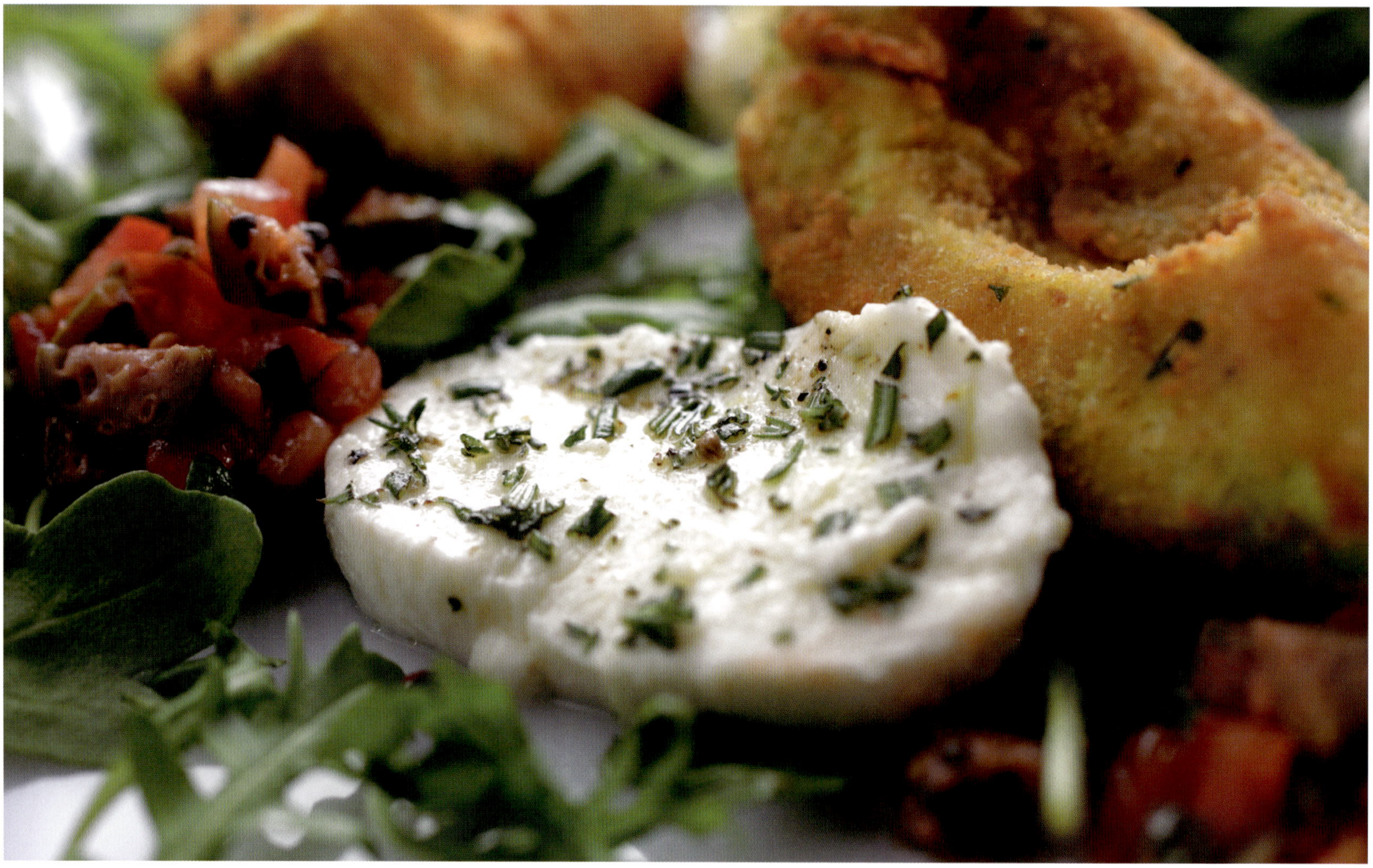

GEBACKENE AVOCADO UND MOZZARELLA MIT KAPERN-TOMATEN-SALSA

Für 2 Personen
30 Minuten
Handicap: Sehr einfach

Kapern-Tomaten-Salsa:
Honig nach Geschmack
weißer Balsamicoessig nach Geschmack
2 EL Olivenöl
50 ml Tomatensaft
100 g Rispentomaten, gewürfelt
1 kleines Glas kleine Kapern, abgetropft
1 TL Basilikum, fein gehackt
Meersalz und schwarzer Pfeffer aus der Mühle

Gebackene Avocados:
2 Avocados
Meersalz und schwarzer Pfeffer aus der Mühle
1 unbehandelte Zitrone, Saft und abgeriebene Schale
Currypulver
1 Ei, leicht verschlagen, Mehl und Semmelbrösel zum Wenden
Pflanzenöl zum Ausbacken

Mozzarella:
1 große Kugel Mozzarella
je 1 TL Thymian, Rosmarin und Basilikum, fein gehackt
Meersalz und schwarzer Pfeffer aus der Mühle
Olivenöl

So wird die Kapern-Tomaten-Salsa gemacht:
Den Honig mit Balsamico, Olivenöl und Tomatensaft verrühren. Tomatenwürfel, Kapern und Basilikum dazugeben und alles mit Salz und Pfeffer abschmecken.

So werden die gebackenen Avocados gemacht:
Die Avocados halbieren, schälen, vom Stein befreien und vierteln. Auf ein kleines Backblech geben und mit Salz, Pfeffer, Zitronensaft und -schale sowie Currypulver würzen – wenn möglich etwa ½ Stunde marinieren lassen. Ei, Mehl und Semmelbrösel getrennt in tiefen Tellern bereitstellen. Die Avocadoviertel zuerst im Mehl, dann im Ei und zum Schluss in den Bröseln wenden. Kurz vor dem Servieren im erhitzten Pflanzenöl ausbacken.

So wird der Mozzarella gemacht:
Den Mozzarella in Scheiben schneiden, mit den gehackten Kräutern bestreuen. Mit Salz und Pfeffer würzen und mit etwas Olivenöl beträufeln.

So richte ich an:
Die gebackenen Avocadoviertel und den Mozzarella auf Teller geben und mit der Salsa beträufeln.

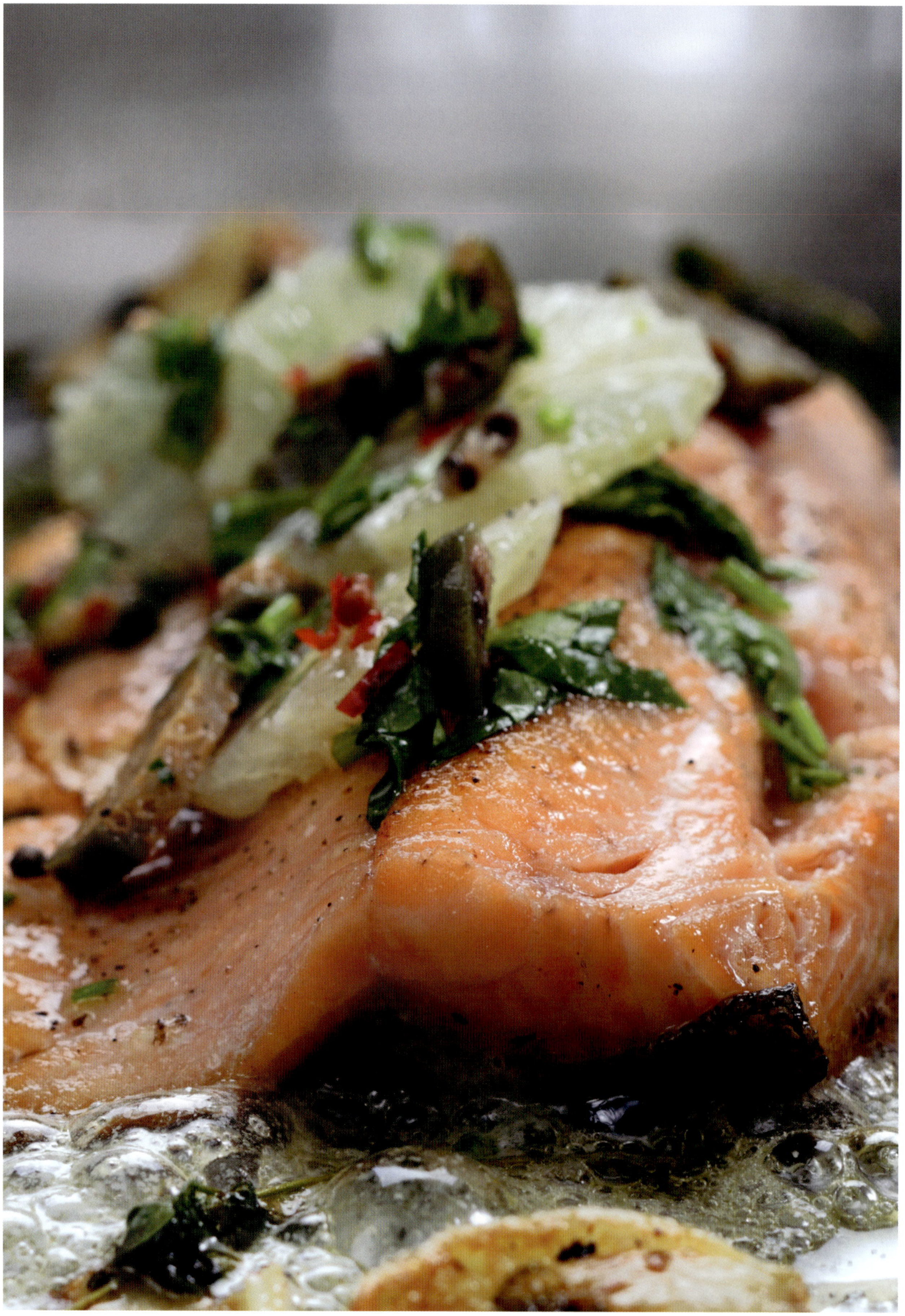

GEBRATENE FISCHFILETS MIT KAPERN-ZITRONEN

Für 2 Personen
15 Minuten
Handicap: Extrem einfach

Kapern-Zitronenscheiben:
2 Zitronen
1½ EL feiner Zucker
20 g Koriander oder glatte Petersilie, grob gehackt
2 EL Kapern, abgetropft, grob gehackt
½ Chilischote, entkernt, fein gehackt
Meersalz und schwarzer Pfeffer aus der Mühle

Gebratene Fischfilets:
4 Filets von Schnapper, Lachs oder Lachsforelle à 180 g, mit Haut
Pflanzenöl zum Bestreichen
1 Knoblauchzehe, in der Schale leicht gequetscht
je 1 Thymian- und Rosmarinzweig
1 TL kalte Butter
Meersalz und schwarzer Pfeffer aus der Mühle

So werden die Kapern-Zitronenscheiben gemacht:
Die Zitronen samt der bitteren weißen Schicht schälen und in dünne Scheiben schneiden. Mit Zucker, Koriander, Kapern und der gehackten Chili gut vermischen. Mit Salz und Pfeffer abschmecken und beiseitestellen.

So werden die gebratenen Fischfilets gemacht:
Die Hautseite der Fischfilets mit etwas Pflanzenöl bestreichen. Eine beschichtete Pfanne bei hoher Temperatur erhitzen, den Fisch mit der Hautseite nach unten hineingeben und etwa 4 Minuten anbraten, bis die Haut schön knusprig ist. Wenden, den Knoblauch und die Kräuterzweige dazugeben und den Fisch auf der anderen Seite noch 1 Minute anbraten. Die Butter hinzufügen und die Temperatur herunterschalten. Den Fisch einige Male mit der zerlassenen Butter übergießen, bis er gar ist. Zum Schluss salzen und pfeffern.

So richte ich an:
Die Fischfilets auf Teller geben, mit den Kapern-Zitronenscheiben belegen und servieren.

Dazu passt ein lauwarmer Gurken-Kartoffel-Salat.

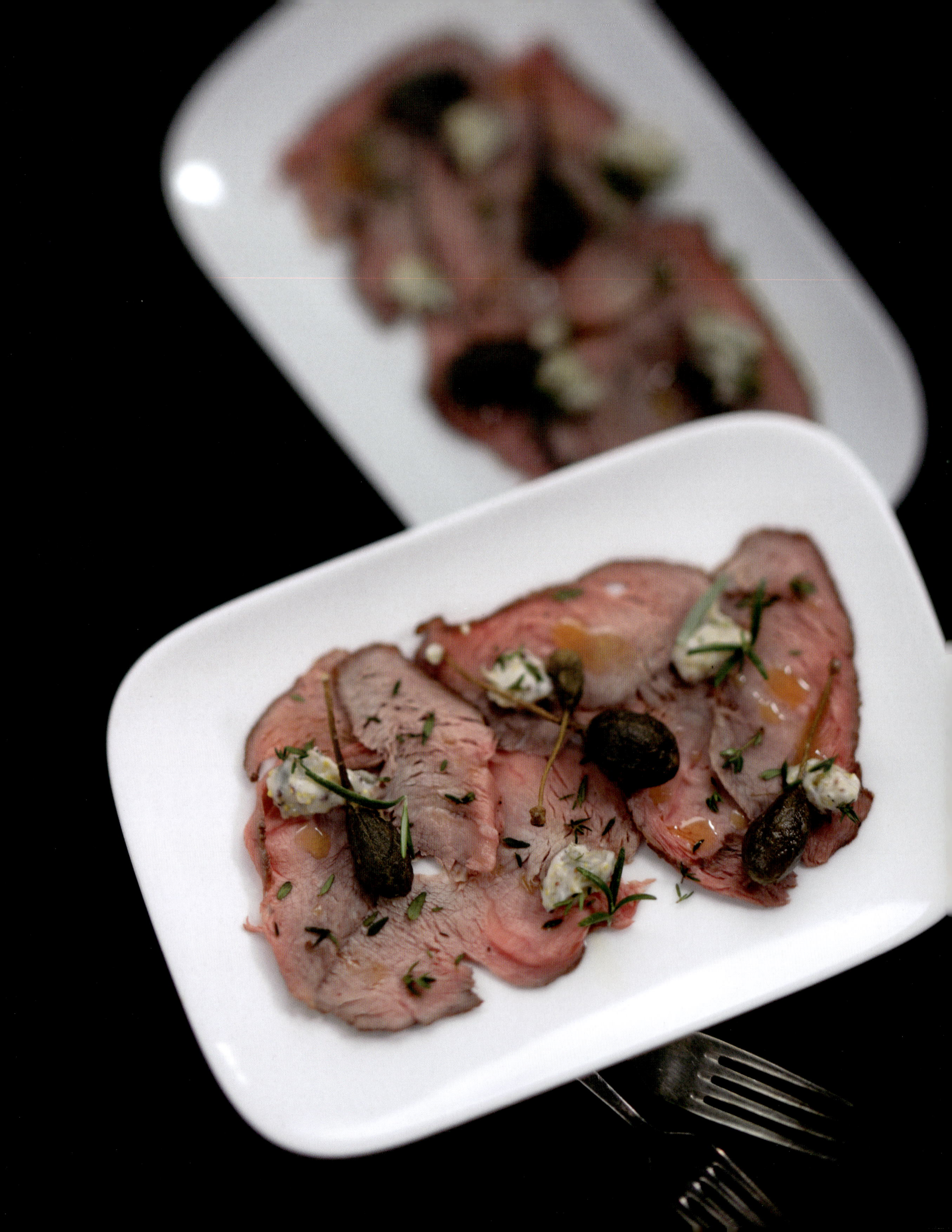

KALBSTAFELSPITZ-CARPACCIO MIT KAPERN-MAYONNAISE

Für 2 Personen
10 Minuten (bei bereits gegartem Tafelspitz),
sonst pro 1 kg ca. 1½ Stunden
Handicap: Leicht

Kalbstafelspitz-Carpaccio:
400 g Kalbsfilet oder als günstigerer Ersatz Kalbssemerrolle (längliches Teilstück der Unterschale)
Olivenöl
Meersalz und schwarzer Pfeffer aus der Mühle
1 Thymianzweig
1 Rosmarinzweig
1 Lorbeerblatt
1 Knoblauchzehe, in der Schale leicht gequetscht

Kapern-Mayonnaise:
2 Eigelb
2 EL grober Senf
1 Spritzer weißer Balsamicoessig
½ unbehandelte Zitrone, abgeriebene Schale und Saft
100 ml Pflanzenöl
50 ml Olivenöl
Meersalz und schwarzer Pfeffer aus der Mühle
1 EL Schmand (Sauerrahm)
2 EL Kapernbeeren, fein gehackt
1 TL Estragon

Zum Garnieren:
1 EL kleine Kapern, abgetropft
Mehl
100 ml Pflanzenöl

So wird das Kalbstafelspitz-Carpaccio gemacht:
Den Backofen auf 120 Grad Ober-/Unterhitze vorheizen. Das Fleisch in etwas Olivenöl von allen Seiten scharf anbraten. Aus der Pfanne nehmen, mit Salz und Pfeffer würzen und zusammen mit den Kräuterzweigen und dem Knoblauch fest in Alufolie einwickeln. Im vorgeheizten Ofen auf der mittleren Schiene etwa 25 Minuten garen (bei der Semerrolle beträgt die Garzeit 50-60 Minuten!). Auskühlen lassen und erst kurz vor dem Anrichten in dünne Scheiben schneiden.

So wird die Kapern-Mayonnaise gemacht:
Die Eigelbe mit Senf, Essig und Zitronenschale verrühren. Die beiden Ölsorten zuerst tropfenweise, dann in einem dünnen Strahl vorsichtig dazugeben und alles mit dem Stabmixer zu einer cremigen Mayonnaise rühren. Falls sie zu dickflüssig wird, etwas Flüssigkeit aus dem Kapernglas unterrühren. Mit Zitronensaft, Salz und Pfeffer abschmecken, Sauerrahm, Kapernbeeren und Estragon unterrühren.

So richte ich an:
Die Kapern in wenig Mehl wälzen, in dem erhitzten Öl frittieren und anschließend auf Küchenpapier kurz abtropfen lassen. Das Carpaccio mit den frittierten Kapern garnieren und mit der Kapern-Mayonnaise anrichten.

Tipps:
Es empfiehlt sich, das Fleisch bereits am Vortag zuzubereiten. Dann hat es Zeit, so richtig gut durchzuziehen. Wer es sich einfacher machen will: Fertig gekaufter aufgeschnittener Braten aus der Fleischtheke geht auch super!
Dazu passen eine kleine Salatgarnitur, Radieschen und Kartoffelchips …

WAS MACHE ICH MIT PERLZWIEBELN?

NORMAL-ZUSTAND

IDEAL-ZUSTAND

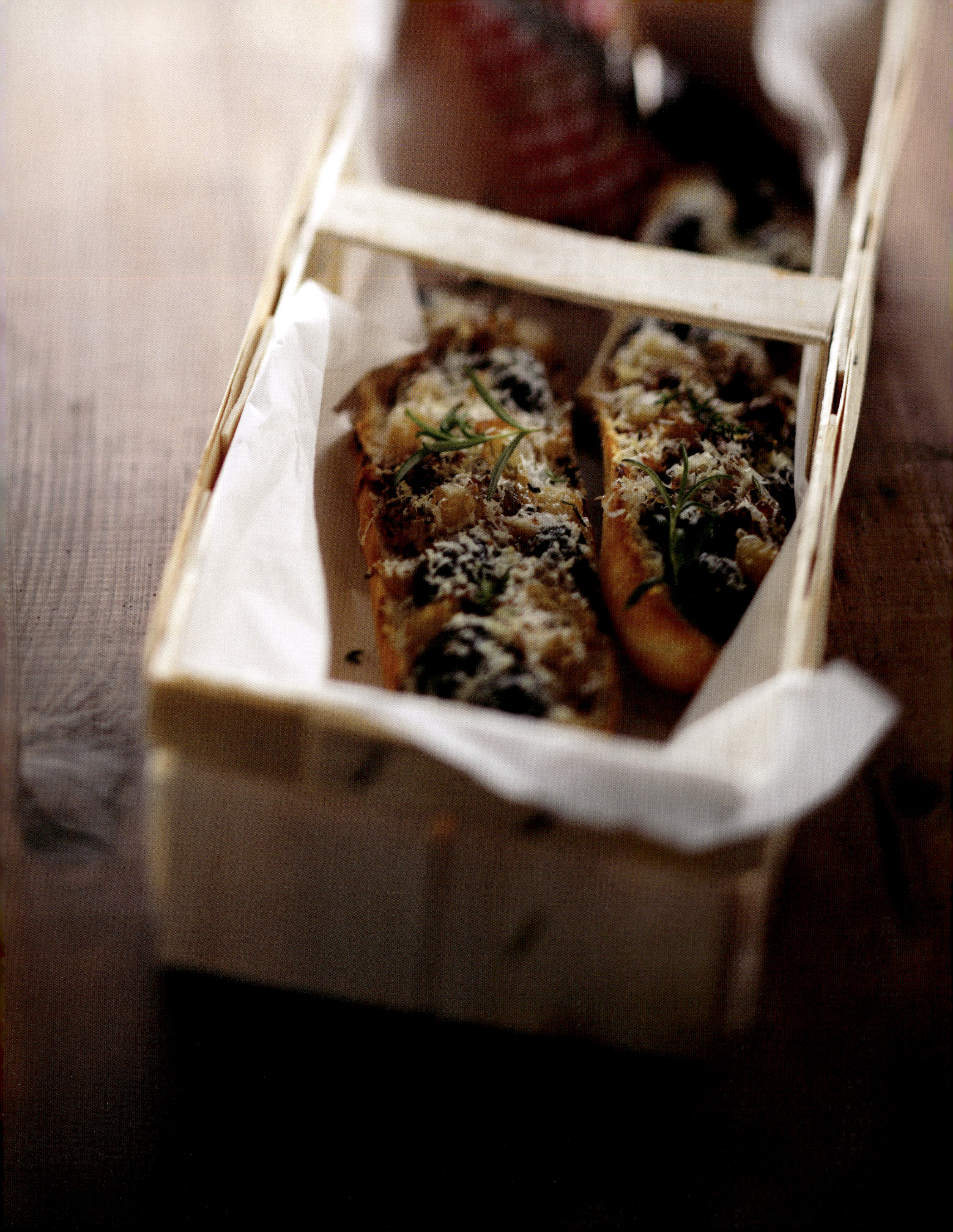

KARAMELL-PERLZWIEBEL-BAGUETTE

Für 2 Personen
15 Minuten
Handicap: Extrem einfach

2 EL Zucker
200 g Perlzwiebeln aus dem Glas, abgetropft, halbiert
4–6 Sardellenfilets, gehackt
je 1 TL Thymian und Rosmarin, fein gehackt
8 schwarze Oliven
Meersalz und schwarzer Pfeffer aus der Mühle

1 Baguette, der Länge nach halbiert
100 g Parmesan, fein gerieben

So wird's gemacht:
Den Backofen auf 180 Grad vorheizen. Den Zucker in einer Pfanne karamellisieren, die halbierten Perlzwiebeln dazugeben und kurz durchschwenken. Dann Sardellenfilets, Kräuter und Oliven dazugeben und alles mit Salz und Pfeffer abschmecken. Etwas abkühlen lassen. Dann die Perlzwiebelmasse auf den Baguettehälften verteilen, mit dem geriebenen Parmesan bestreuen und die Baguettes im vorgeheizten Ofen 3-5 Minuten überbacken.

Tipp:
Dazu eine gute Salami, hauchdünn aufgeschnitten, und die Party kann beginnen!

Dazu eine gute Salami, hauchdünn aufgeschnitten ...

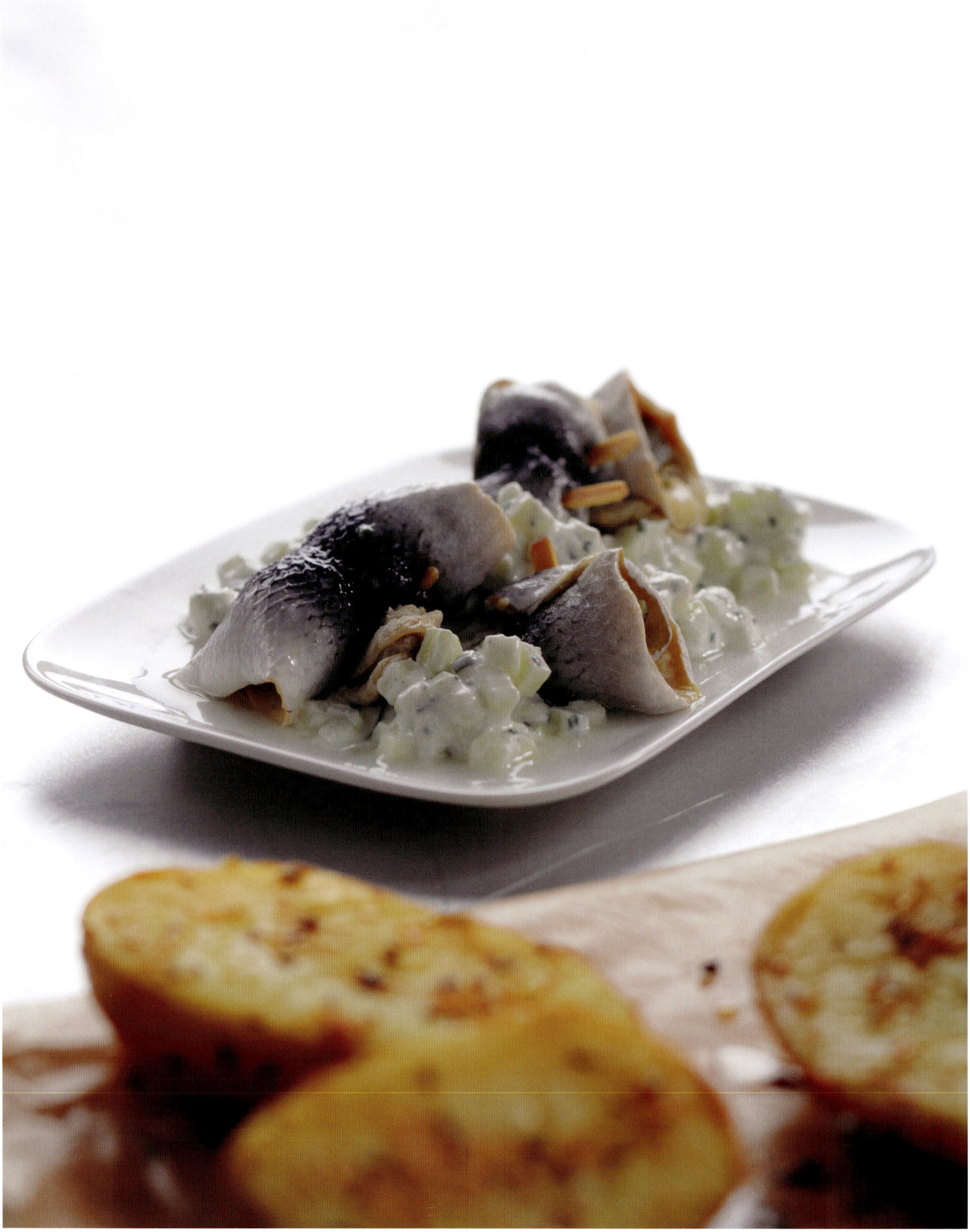

APFEL-PERLZWIEBEL-DIP MIT SESAM-OFENKARTOFFEL UND ROLLMOPS

Für 2 Personen
30 Minuten
Handicap: Sehr einfach

Apfel-Perlzwiebel-Dip:
1 Apfel
2 EL Zitronensaft
1 TL Meerrettich aus dem Glas
2 EL griechischer Joghurt
1 TL Essig
1 TL Olivenöl
1 Prise Zucker
Meersalz und schwarzer Pfeffer aus der Mühle
6 Perlzwiebeln aus dem Glas, abgetropft, geviertelt
1 EL Schnittlauch, in feine Röllchen geschnitten

Sesam-Ofenkartoffel:
Olivenöl
½ TL Kümmel
1 TL Sesam
1 TL grobes Meersalz
1 Ofenkartoffel, gewaschen und längs halbiert

2 Rollmöpse aus dem Glas, falls sehr salzig, 1 Stunde gewässert

So wird der Apfel-Perlzwiebel-Dip gemacht:
Den Apfel schälen, entkernen, würfeln und sofort mit dem Zitronensaft beträufeln. Den Meerrettich mit Joghurt, Essig und Olivenöl verrühren und mit Zucker, Salz und Pfeffer abschmecken. Die Apfelwürfel, die Perlzwiebeln und den Schnittlauch unterrühren.

So wird die Sesam-Ofenkartoffel gemacht:
Den Backofen auf 200 Grad vorheizen. Ein kleines Backblech mit etwas Olivenöl einfetten und mit Kümmel, Sesam und der Hälfte des Salzes bestreuen. Die Kartoffelhälften an den Schnittflächen mehrmals über Kreuz etwa 1 cm tief einschneiden. Mit der Schnittfläche nach unten auf die Gewürzschicht legen. Die Kartoffeln mit etwas Olivenöl einpinseln, mit dem restlichen Salz bestreuen und etwa 30 Minuten im vorgeheizten Ofen backen.

So richte ich an:
Den falls nötig gewässerten Rollmops abtropfen lassen. Zusammen mit den gebackenen Kartoffeln und dem Dip anrichten und servieren.

Tipps:
Wer Kümmel und Sesam nicht mag, kann die Kartoffel auch auf Kräuter wie Rosmarin legen. Das schmeckt genauso gut.
Wer Zeit sparen möchte, schneidet den Apfel für den Dip nicht in Würfel, sondern reibt ihn auf einer groben Reibe.

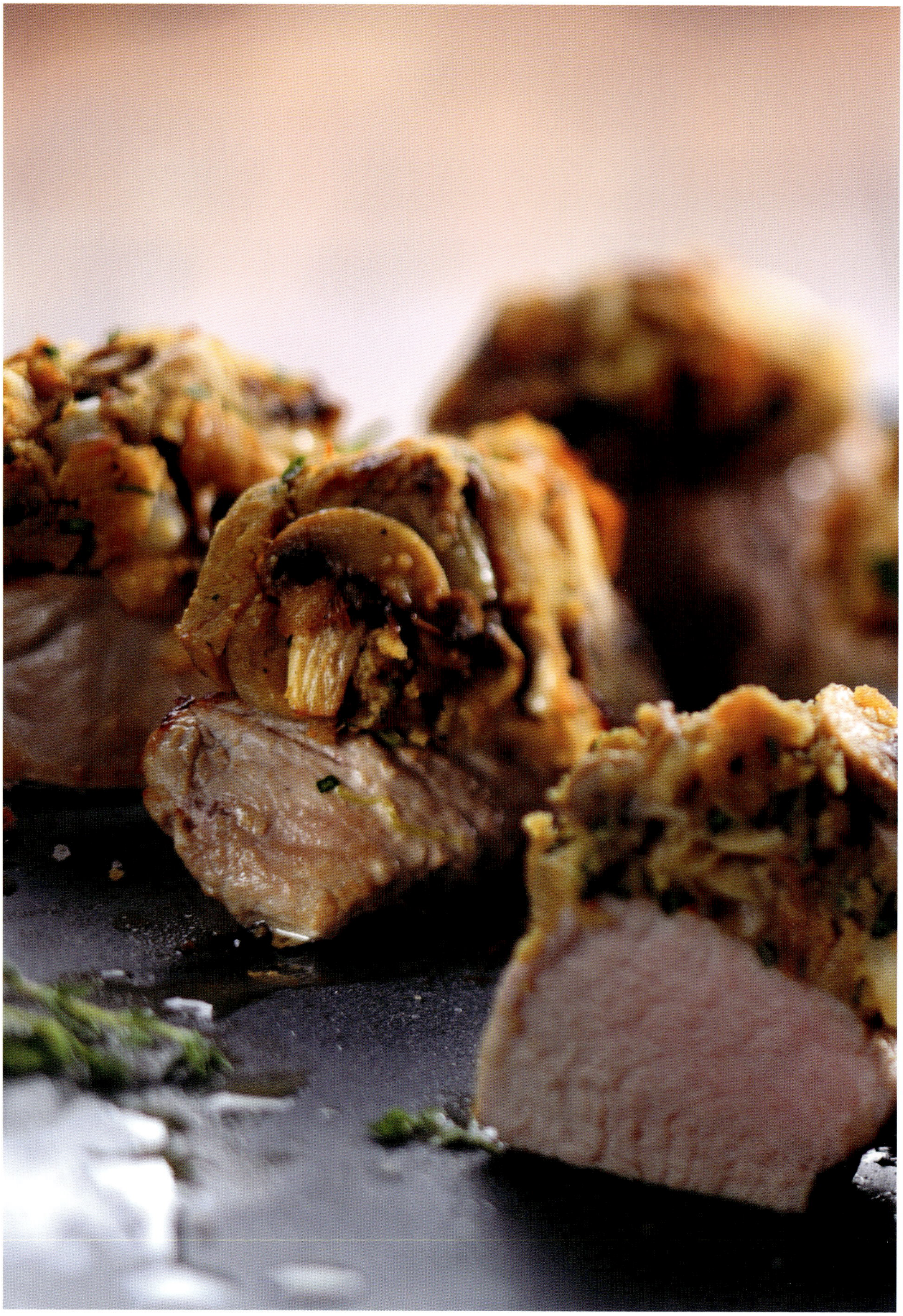

SCHWEINEFILET MIT PERLZWIEBEL-PILZ-KRUSTE UND GEMÜSE-TAGLIATELLE

Für 2 Personen
40 Minuten
Handicap: Einfach

Perlzwiebel-Pilz-Kruste:
125 g Perlzwiebeln aus dem Glas, abgetropft, gehackt
(50 ml Saft aufbewahren)
125 g Champignons, geputzt, in feine Scheiben geschnitten
2 EL Olivenöl
1 EL Senf
½ TL Thymian, gehackt
1 Knoblauchzehe, fein gehackt
30 g zimmerwarme Butter
Zitronensaft
70 g Semmelbrösel
1 TL Petersilie, fein gehackt
Meersalz und schwarzer Pfeffer aus der Mühle

Schweinefilet:
400 g Schweinefilet, geputzt, in 4 Medaillons geschnitten
2 EL Olivenöl
Meersalz und schwarzer Pfeffer aus der Mühle

Gemüse-Tagliatelle:
50 g Butter
50 g Lauch, in lange feine Streifen geschnitten
50 g Karotte, in lange feine Streifen geschnitten
50 g Zucchini, in lange feine Streifen geschnitten
Meersalz, Zucker
100 g Tagliatelle
1 EL Parmesan, frisch gerieben
50 ml Perlzwiebelsaft
50 ml Sahne

So wird die Perlzwiebel-Pilz-Kruste gemacht:
Die Perlzwiebeln und die Champignonscheiben im erhitzten Olivenöl anbraten, dann in eine Schüssel geben. Die restlichen Zutaten hinzufügen, gut unterrühren und die Masse kurz kalt stellen.

So wird das Schweinefilet gemacht:
Den Backofen auf 200 Grad vorheizen. Die Medaillons nur ganz leicht flach drücken. Kurz von beiden Seiten im erhitzten Olivenöl anbraten und erst dann mit Salz und Pfeffer würzen. Die Medaillons etwas auskühlen lassen, dann die Krustenmasse gleichmäßig darauf verteilen. Im vorgeheizten Backofen 4-5 Minuten überbacken.

So werden die Gemüse-Tagliatelle gemacht:
Die Butter zerlassen und die Gemüsestreifen darin mit einigen Tropfen Wasser kurz garen. Mit Salz und Zucker abschmecken. In der Zwischenzeit die Tagliatelle in kochendem Salzwasser bissfest garen, abgießen und sofort zu den Gemüsestreifen geben. Mit dem Parmesan bestreuen und die Pfanne leicht schwenken. Den Perlzwiebelsaft mit der Sahne aufkochen und auf die Hälfte einreduzieren. Die Reduktion zu den Tagliatelle geben und unterrühren.

So richte ich an:
Die Medaillons auf den aufgerollten Gemüse-Tagliatelle anrichten und nach Belieben mit gehackter Petersilie bestreuen.

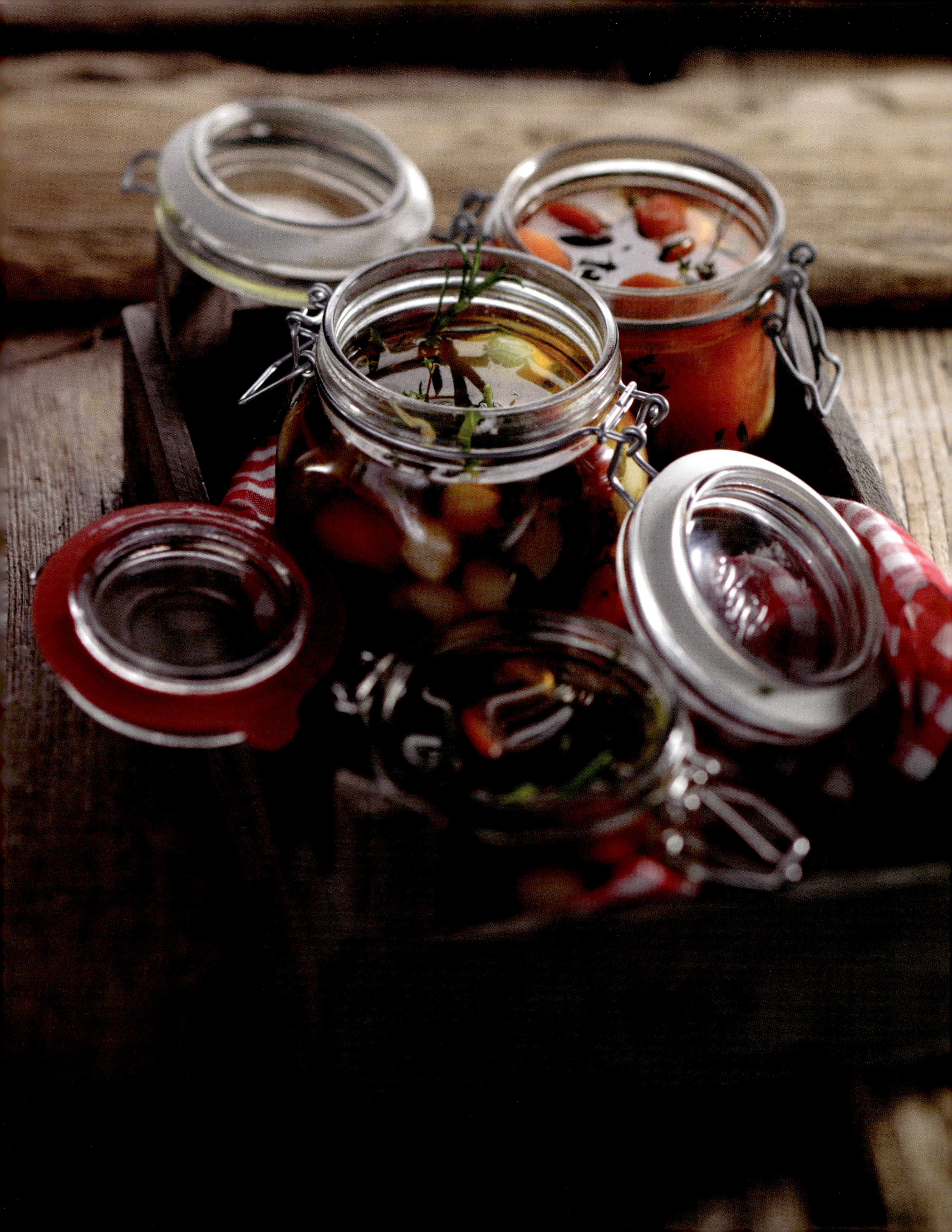

MIKES SPECIAL

EINGELEGTE ZWIEBEL-PAPRIKA

Für 2 Personen
45 Minuten
Handicap: Einfach

Je 2 rote und grüne Paprikaschoten, halbiert, entkernt, geschält
100 ml kalt gepresstes Olivenöl
300 g rohe Perlzwiebeln, geschält
6 Knoblauchzehen, grob gehackt
1 Zitrone, Saft
3 Sardellen, in Würfel geschnitten
1 EL Kapern
300 ml Fleischbrühe
einige Rosmarin- und Thymianzweige
Basilikum, grob gehackt
Salz und Pfeffer aus der Mühle

So wird's gemacht:
Die Paprika in große Stücke schneiden. Die Hälfte des Öls in einer großen Pfanne erhitzen. Paprika, Perlzwiebeln und Knoblauch dazugeben und zugedeckt kurz weich dünsten. Zitronensaft, Sardellenwürfel, Kapern, Fleischbrühe und Kräuterzweige zugeben und alles mit Salz und Pfeffer würzen. Erneut etwas dünsten lassen. Alles in Einmachgläser füllen, abkühlen lassen und dann erst das restliche Olivenöl darübergeben. Die Einmachgläser verschließen.

Tipps:
Die Perlzwiebeln kurz in heißem Wasser einlegen, sie lassen sich dann besser schälen.
Zum Schälen der Paprikaschoten diese halbieren, mit Öl bepinseln und auf einem Backblech unter dem Grill im Ofen auf höchster Stufe rösten, bis die Haut dunkel wird.
Unter einem feuchten Tuch abkühlen lassen, dann die Haut abziehen. Eingelegte Zwiebel-Paprika ist eine tolle Beilage zu Hühnchen und gebratenem oder gedämpftem Fisch.

WAS MACHE ICH MIT ROTER BETE?

IDEAL-ZUSTAND

NORMAL-ZUSTAND

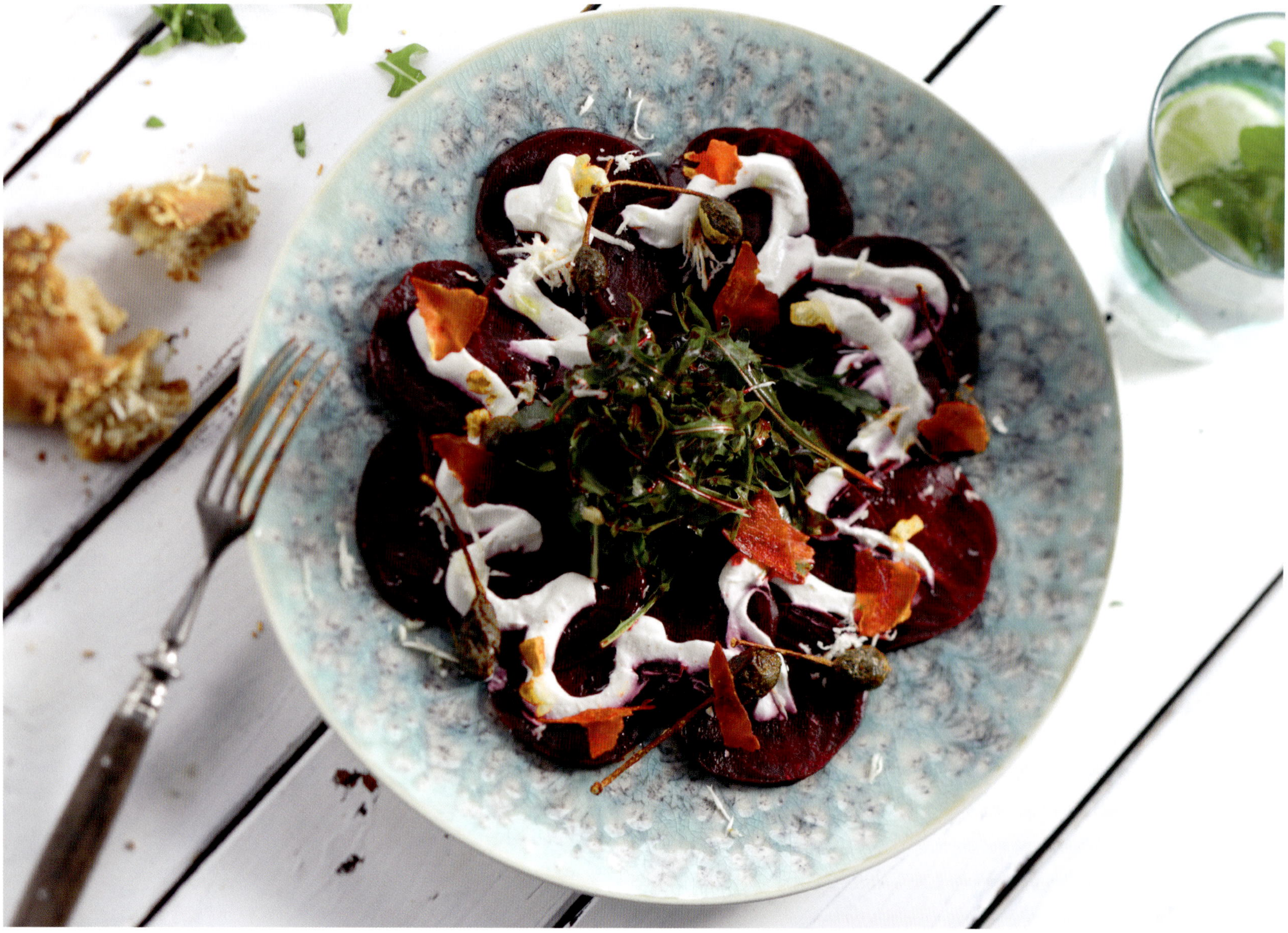

ROTE-BETE-CARPACCIO MIT ZIEGENKÄSE-CREME UND KNUSPRIGEM PARMASCHINKEN

Für 2 Personen
30 Minuten
Handicap: Sehr einfach

Rote-Bete-Carpaccio:
½ Glas eingelegte Rote Bete, abgetropft (den Saft auffangen)
2 EL Kapern aus dem Glas, trocken getupft
Mehl zum Wenden
100 ml Pflanzenöl zum Ausbacken
100 g Rucola
Olivenöl zum Beträufeln
1 EL Meerrettichwurzel, geschält, fein gerieben
1 EL Walnusskerne, gehackt

Ziegenkäsecreme:
100 g Ziegenfrischkäse
1 EL Honig
1 EL Walnusskerne, gehackt
50 ml Sahne, steif geschlagen
Meersalz und schwarzer Pfeffer aus der Mühle

Knuspriger Parmaschinken:
4 Scheiben Parmaschinken oder ersatzweise anderer luftgetrockneter Rohschinken

So wird das Rote-Bete-Carpaccio gemacht:
Den Rote-Bete-Saft aus dem Glas aufkochen und auf die Hälfte einreduzieren. Die Roten Beten in Scheiben schneiden und auf Küchenpapier legen. Nach Belieben kreisförmig oder rechteckig auf Tellern verteilen. Mit dem eingedickten Rote-Bete-Saft beträufeln. Etwas von dem Saft für den Rucola aufbewahren. Die Kapern in Mehl wenden und im erhitzten Pflanzenöl ausbacken. Auf Küchenpapier abtropfen lassen.

So wird die Ziegenkäsecreme gemacht:
Den Ziegenfrischkäse mit dem Honig glatt rühren. Die gehackten Walnusskerne und die geschlagene Sahne unterheben, mit Salz und Pfeffer abschmecken und in einen Spritzbeutel geben.

So wird der knusprige Parmaschinken gemacht:
Die Schinkenscheiben in einer beschichteten Pfanne ohne Zugabe von Fett knusprig braten – wer mehr Zeit hat, kann den Schinken auch im Ofen bei 200 Grad kross braten.

So richte ich an:
Die Ziegenkäsecreme mit dem Spritzbeutel dick auf das Rote-Bete-Carpaccio aufspritzen. Den Rucola mit dem restlichen Rote-Bete-Saft vermengen und in der Mitte auf dem Carpaccio anrichten. Alles mit einigen Tropfen Olivenöl beträufeln und den geriebenen Meerrettich darüberstreuen. Zum Schluss den knusprigen Parmaschinken in Stücke brechen und nach Belieben dekorativ in die Creme stecken. Mit den gehackten Walnüssen und den gebackenen Kapern bestreuen und servieren.

Tipps:
Wer es intensiver mag, kann den Rote-Bete-Saft mit etwas Essig, Salz, Pfeffer und Honig nachwürzen. Wenn man den Parmaschinken mit einem zweiten Blech beschwert, bleiben die Scheiben schön flach und kräuseln sich nicht.

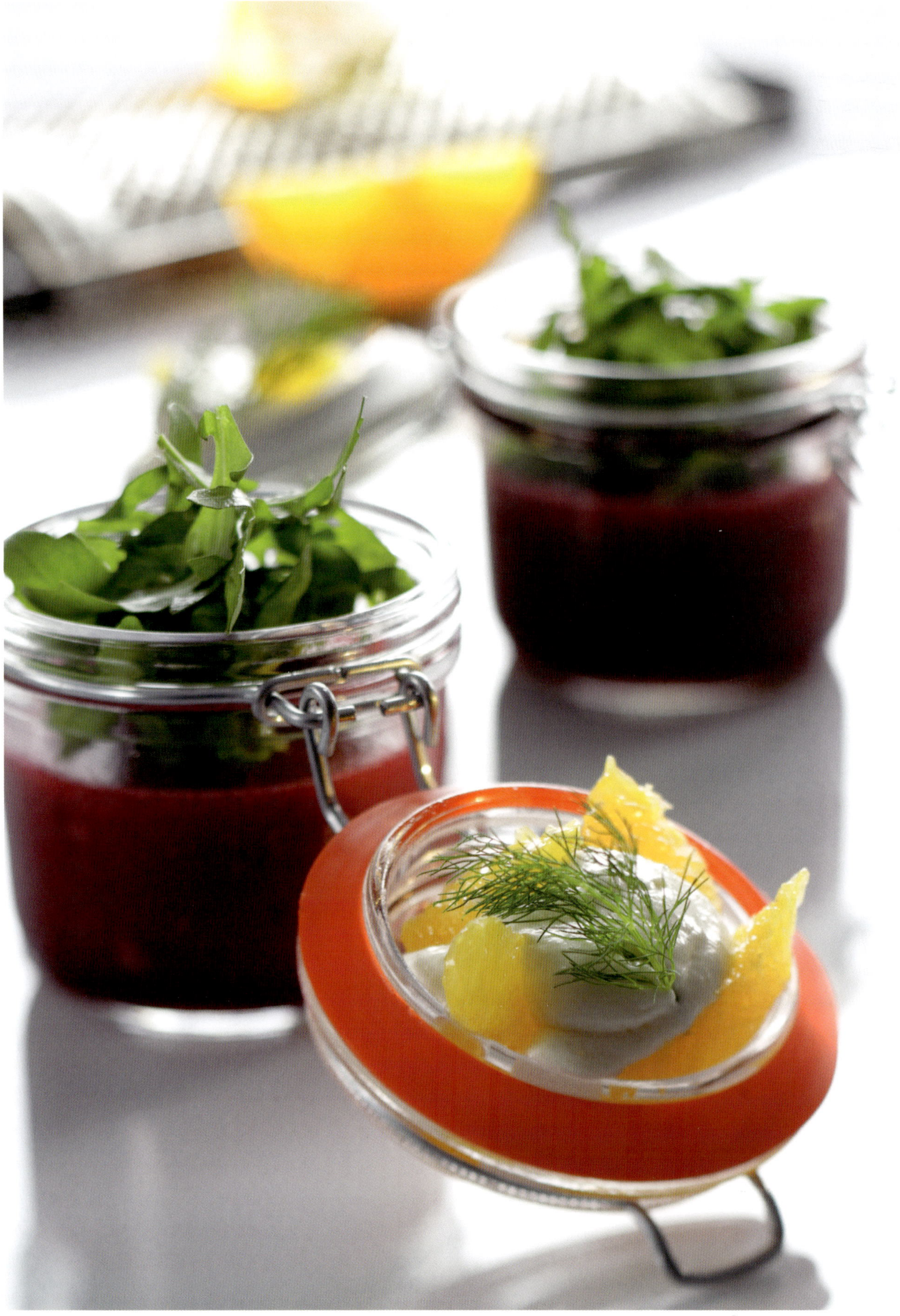

ROTE-BETE-GELEE MIT MEERRETTICH-APFEL-CREME

Für 2 Personen
30 Minuten
Handicap: Extrem leicht

Rote-Bete-Gelee:
125 g Rote Bete aus dem Glas
125 ml Gemüsebrühe, ersatzweise Apfelsaft
Meersalz und schwarzer Pfeffer aus der Mühle
½ unbehandelte Orange, abgeriebene Schale und Saft
1 Msp. Kreuzkümmel
1 TL Honig
1 TL weißer Balsamicoessig
4 Blatt Gelatine

Meerrettich-Apfel-Creme:
50 g Schmand (Sauerrahm)
50 g Apfelmus
1 TL Zitronensaft
2 EL Meerrettich aus dem Glas
Meersalz und schwarzer Pfeffer aus der Mühle
75 ml Sahne

Zum Garnieren:
4 Orangenfilets
2 Sträußchen Dill
1 TL Meerrettich, frisch gerieben

So wird das Rote-Bete-Gelee gemacht:
Die Rote Bete und die Gemüsebrühe mit Salz und Pfeffer, Orangenabrieb und -saft, Kreuzkümmel, Honig und Essig in einen Topf geben und 3–5 Minuten köcheln lassen, anschließend mit dem Mixstab fein pürieren. Die Gelatine in kaltem Wasser einweichen, dann ausdrücken und unter die noch warme Rote-Bete-Masse rühren. Die Rote-Bete-Masse auf 2 Gläser verteilen und kalt stellen, bis sie geliert.

So wird die Meerrettich-Apfel-Creme gemacht:
Den Schmand mit Apfelmus, Zitronensaft und Meerrettich verrühren, mit Salz und Pfeffer abschmecken. Die Sahne steif schlagen und unter die Meerrettichcreme heben. Die Creme in einen Spritzbeutel füllen.

So richte ich an:
Die Meerrettich-Apfel-Creme dekorativ auf das Rote-Bete-Gelee spritzen. Mit Orangenfilets, Dill und frisch geriebenem Meerrettich garnieren.

Mit Orangenfilets, Dill und frisch geriebenem Meerrettich garnieren ...

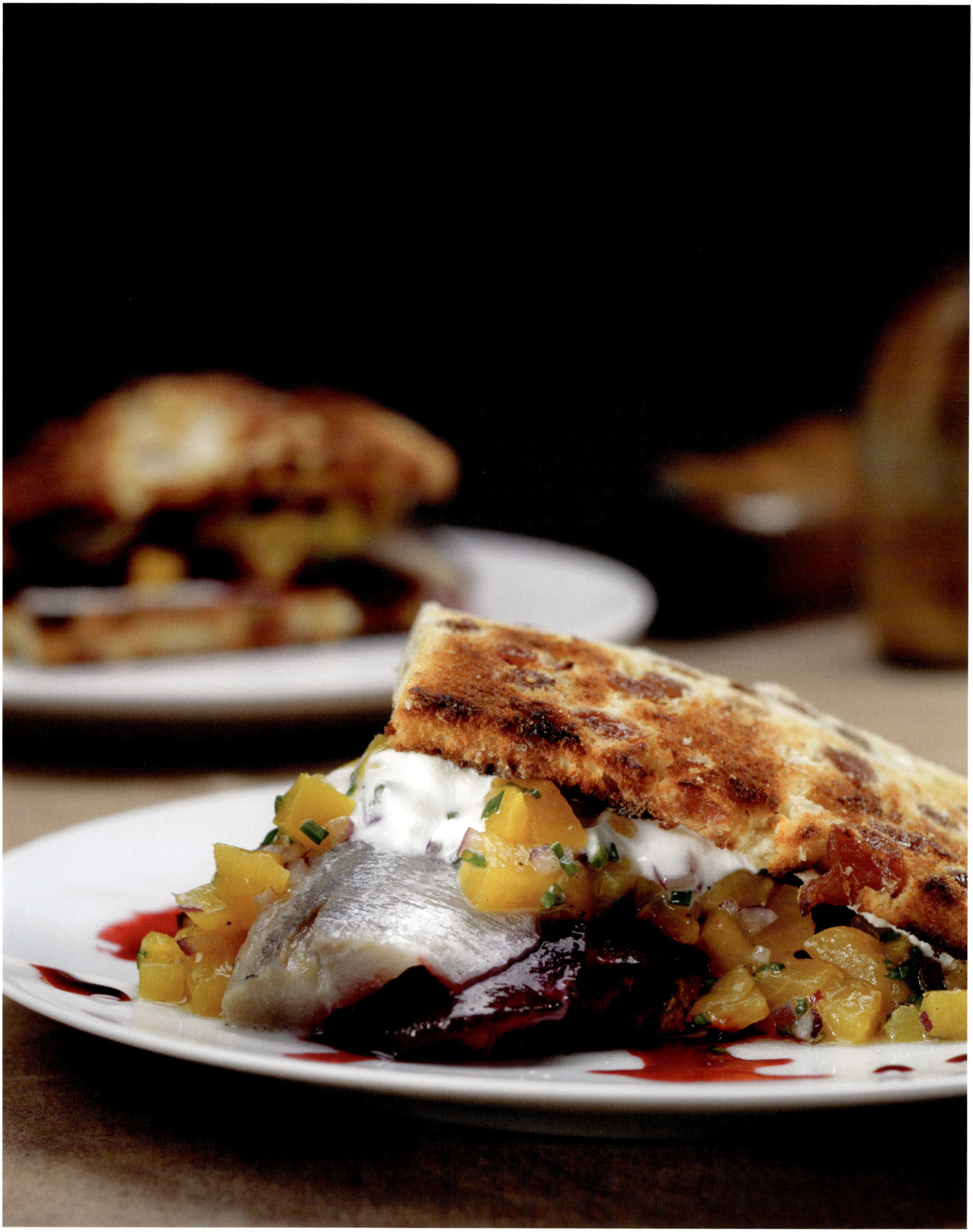

ROTE-BETE-CROSTINI MIT MATJES UND PFIRSICH-SALSA

Für 2 Personen
30 Minuten
Handicap: Sehr einfach

Rote-Bete-Crostini:
1 kleines Glas Rote Bete, abgetropft (den Saft auffangen)
50 g kalte Butter
Meersalz und schwarzer Pfeffer aus der Mühle
4 Scheiben Rosinenbrot
1–2 EL Frischkäse natur
2 Matjesfilets

Pfirsich-Salsa:
1 Pfirsich aus der Dose, in Würfel geschnitten
½ rote Zwiebel, fein gewürfelt
1 TL weißer Balsamicoessig
1 TL Olivenöl
1 TL Schnittlauch, in feine Röllchen geschnitten
Meersalz und schwarzer Pfeffer aus der Mühle

Zum Anrichten:
2 EL Schmand (Sauerrahm)
1 TL Meerrettich aus dem Glas
Meersalz und schwarzer Pfeffer aus der Mühle

So werden die Rote-Bete-Crostini gemacht:
Den Rote-Bete-Saft aus dem Glas in einen kleinen Topf geben, aufkochen und auf die Hälfte einkochen. Erst kurz vor dem Servieren die kalte Butter mit dem Schneebesen einrühren. Mit Salz und Pfeffer würzen. Die abgetropften Roten Beten in Scheiben schneiden.
Die Brotscheiben flach rollen, entrinden und rechteckig schneiden. Im Toaster leicht toasten, auskühlen lassen. Kurz vor dem Servieren dünn mit dem Frischkäse bestreichen.

So wird die Pfirsich-Salsa gemacht:
Die Pfirsichwürfel mit den restlichen Zutaten für die Salsa vermischen, mit Salz und Pfeffer abschmecken.

So richte ich an:
Den Sauerrahm mit dem Meerrettich verrühren und mit Salz und Pfeffer abschmecken. 2 Rosinenbrotscheiben mit Frischkäse bestreichen, auf Teller legen und die Rote-Bete-Scheiben gleichmäßig darauf verteilen. Die beiden Matjesfilets der Länge nach auf die Rote Bete geben. Die Pfirsich-Salsa auf dem Matjes verteilen, dann etwas Meerrettich-Schmand daraufgeben. Die beiden verbleibenden Brotscheiben mit Frischkäse bestreichen, mit der bestrichenen Seite nach unten darauflegen und vorsichtig andrücken. Mit dem einreduzierten Rote-Bete-Saft und dem Rest des Meerrettich-Schmands garniert servieren.

Kurz vor dem Servieren dünn mit Frischkäse bestreichen.

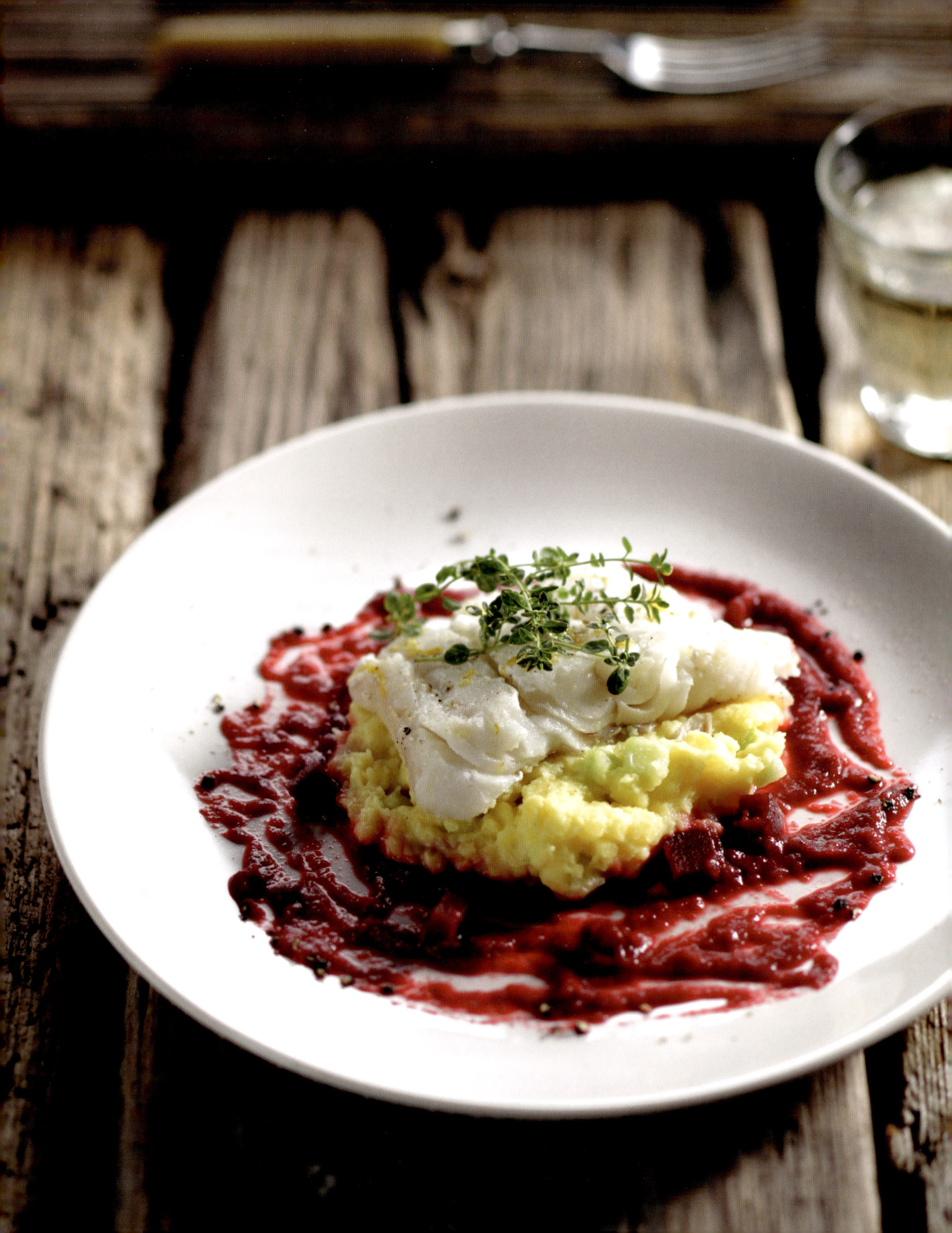

KABELJAU MIT ROTE-BETE-SAUCE UND KARTOFFEL-GURKEN-PÜREE

Für 2 Personen
1½ Stunden (bei roher Roter Bete) bzw. 40 Minuten (bei bereits gegarter Roter Bete)
Handicap: Einfach

Rote-Bete-Sauce:
Meersalz
2 mittelgroße Rote Beten, gewaschen
1 EL Koriandersamen, zerstoßen
1–2 EL weißer Balsamicoessig
1–2 TL Honig
2 EL Aquavit oder ersatzweise Weißwein
schwarzer Pfeffer aus der Mühle
50 g kalte Butter

Kartoffel-Gurken-Püree:
400 g Kartoffeln, geschält
Salz
60 ml Milch
60 ml Sahne
50 g Gurke, geschält, klein gewürfelt
50 g Butter
Meersalz, weißer Pfeffer aus der Mühle, frisch geriebene Muskatnuss

Kabeljau:
2 Kabeljaufilets ohne Haut
50 g Butter
Meersalz und schwarzer Pfeffer aus der Mühle
1 TL abgeriebene Schale einer unbehandelten Zitrone

So wird die Rote-Bete-Sauce gemacht:
Auf 2 große Stücke Alufolie jeweils ½ Esslöffel Meersalz streuen. Die Rote Bete daraufsetzen, mit dem Koriander bestreuen und gut in die Folie einschlagen. Bei 200 Grad im Backofen 2–2½ Stunden garen. Anschließend auskühlen lassen, schälen und in Würfel schneiden.
2 Esslöffel Rote-Bete-Würfel beiseitestellen. Den Rest mit Essig, Honig und Aquavit aufkochen. Fein mixen, mit Salz und Pfeffer abschmecken und anschließend etwas einkochen. Kurz vor dem Servieren die kalte Butter dazugeben und mit dem Schneebesen unterrühren. Achtung, die Sauce darf dann nicht mehr kochen! Am Schluss die beiseitegestellten Rote-Bete-Würfel dazugeben.

So wird das Kartoffel-Gurken-Püree gemacht:
Die Kartoffeln in Salzwasser weich kochen. Abgießen (etwas Wasser auffangen), abdämpfen lassen und durch eine Kartoffelpresse drücken. Milch und Sahne zum Kochen bringen, vom Herd nehmen und die Gurkenwürfel dazugeben.
Die Butter in einem Topf bei geringer Hitze leicht braun werden lassen (das nennt man Nussbutter) und durch ein Sieb passieren. Nun die Kartoffelmasse mit dem Milch-Sahne-Gemisch und der Nussbutter verrühren. So viel von dem aufgefangenen Kartoffelkochwasser unterrühren, bis das Püree die gewünschte Konsistenz hat. Mit Meersalz, Pfeffer und Muskat würzen.

So wird der Kabeljau gemacht:
Den Kabeljau auf ein gut gebuttertes Blech setzen und mit den restlichen Butterflocken belegen. Mit Salz und Pfeffer würzen und den Zitronenabrieb auf den beiden Filets verteilen. Mit Klarsichtfolie fest verschließen und im 90 Grad heißen Ofen 10–15 Minuten garen. Anschließend einige Minuten ruhen lassen.

So richte ich an:
Das Kartoffel-Gurken-Püree auf der Sauce anrichten und den Kabeljau daraufsetzen.

Tipp:
Die Rote Bete kann bereits gegart gekauft werden, das spart Zeit. In diesem Fall kann man direkt mit der Zubereitung der Sauce loslegen.

MIKES SPECIAL

WAS MACHE ICH MIT SCHATTENMORELLEN?

IDEAL-ZUSTAND

NORMAL-ZUSTAND

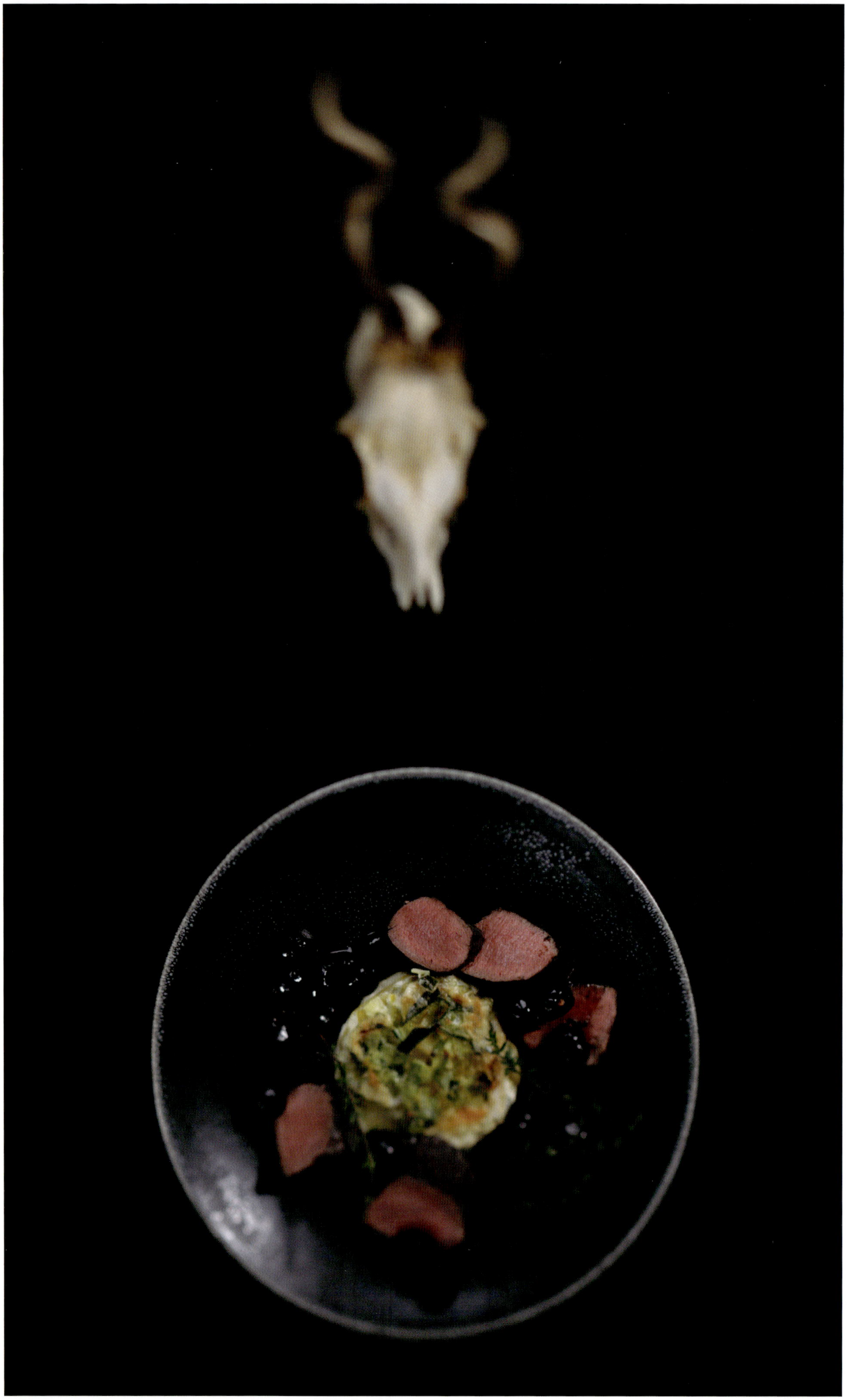

REHRÜCKEN MIT HONIG-PFEFFER-SCHATTEN- MORELLEN UND KARTOFFEL-LAUCH-GRATIN

Für 2 Personen
1 Stunde
Handicap: Einfach

Kartoffel-Lauch-Gratin:
2 große Kartoffeln, geschält, in dünne Scheiben gehobelt
100 ml Milch
100 ml Sahne
1 Knoblauchzehe, fein gerieben
Meersalz und schwarzer Pfeffer aus der Mühle
50 g Lauch, in Würfel geschnitten

Rehrücken:
1 Rehrücken, sauber pariert
4 EL Olivenöl
Meersalz und schwarzer Pfeffer aus der Mühle
50 g Karotte, geschält, klein gewürfelt
50 g Knollensellerie, geschält, klein gewürfelt
50 g Lauch, klein gewürfelt
1 Zwiebel, fein gewürfelt
300 ml Schattenmorellensaft
100 ml Rotwein
je 1 Thymian- und Rosmarinzweig
3 schwarze Pfefferkörner
3 Wacholderbeeren, leicht zerdrückt
1 Lorbeerblatt

Honig-Pfeffer-Schattenmorellen:
1 EL Honig
1 EL Balsamicoessig
½ TL schwarzer Pfeffer aus der Mühle
100 g Schattenmorellen aus dem Glas, abgetropft
50 g kalte Butter, in Würfeln
½ TL Rosmarin, fein gehackt

So wird der Kartoffel-Lauch-Gratin gemacht:
Den Backofen auf 180 Grad vorheizen. Die Kartoffelscheiben in einer ofenfesten Form verteilen. Milch und Sahne mit dem Knoblauch in einen Topf geben, mit Salz und Pfeffer würzen und einmal aufkochen. Anschließend den Lauch beifügen und das Ganze über die Kartoffeln geben. Im vorgeheizten Backofen etwa 30 Minuten backen.

So wird der Rehrücken gemacht:
Den Rehrücken in dem erhitzten Olivenöl von allen Seiten anbraten. Mit Salz und Pfeffer würzen und aus der Pfanne nehmen. Nun das vorbereitete Gemüse und die Zwiebel in der Pfanne leicht anschwitzen. Mit Schattenmorellensaft und Rotwein ablöschen. Die Kräuterzweige und die Gewürze in ein Kaffeefilterpapier geben, einschlagen und mit Heftklammern fixieren, in den Fond geben und alles 15 Minuten kochen lassen. Dann die Pfanne vom Herd nehmen und den Rehrücken in den Fond einlegen. Achtung: Der Fond darf dann nicht mehr kochen! Den Rehrücken 7–8 Minuten in dem Fond ziehen lassen.

So werden die Honig-Pfeffer-Schattenmorellen gemacht:
Den Honig in einer beschichteten Pfanne erwärmen, mit dem Balsamico ablöschen und mit dem frisch gemahlenen Pfeffer würzen. Einmal aufkochen lassen, dann vom Herd nehmen. Erst kurz vor dem Servieren die Schattenmorellen, die Butter und den Rosmarin dazugeben und erneut erhitzen. Abschmecken und eventuell mit etwas Salz nachwürzen.

So richte ich an:
Den Rehrücken aufschneiden und mit dem Kartoffel-Lauch-Gratin und den Honig-Pfeffer-Schattenmorellen anrichten. Wer mag, reicht dazu noch gebratene Pilze.

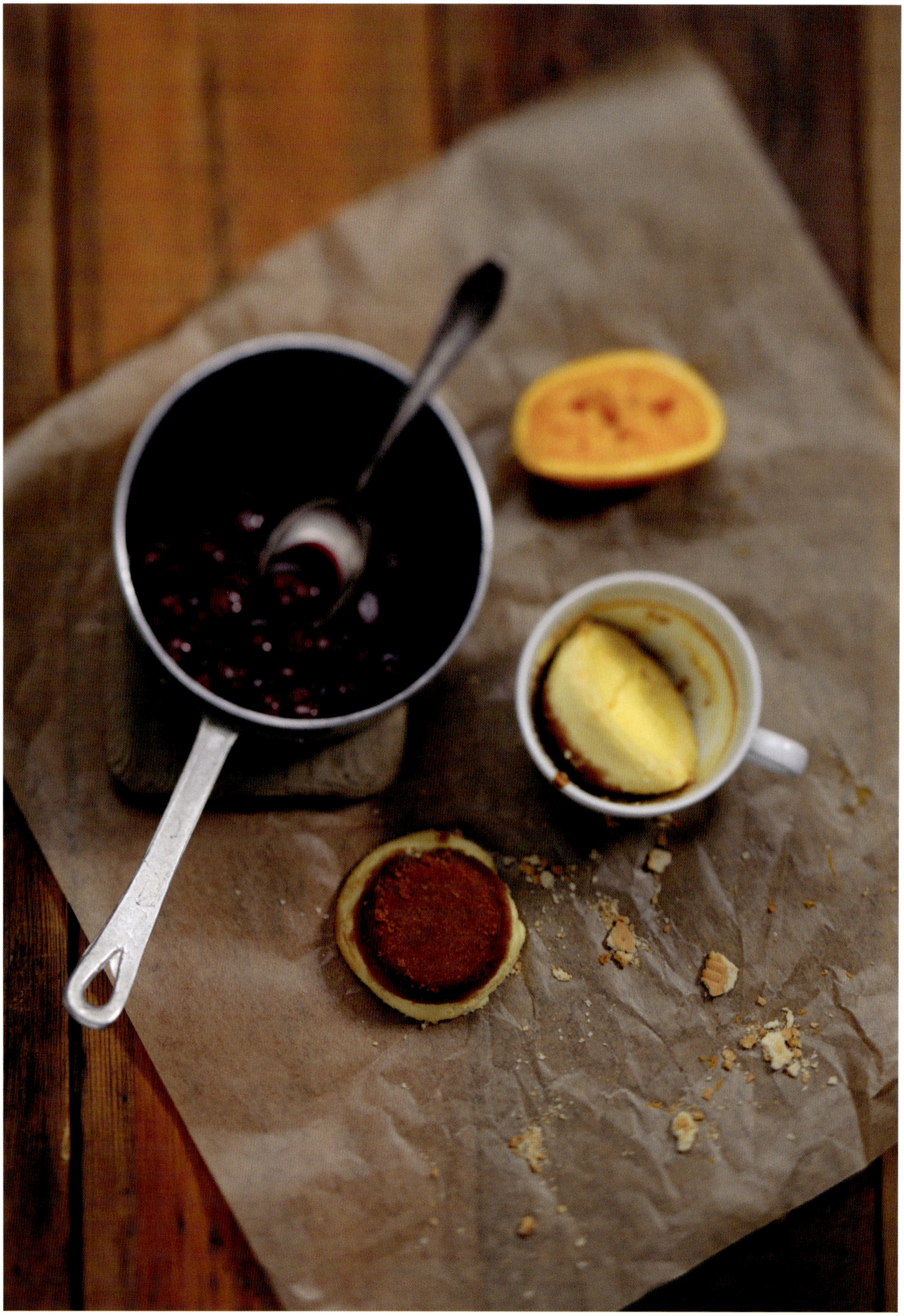

SCHATTENMORELLEN-CUP-CHEESECAKE

Für 2 Personen
15 Minuten (plus ca. 40 Minuten Backzeit)
Handicap: Einfach

Tortenboden:
60 g Butterkekse
30 g Butter, zerlassen
Butter für die Förmchen

Creme:
2 Eier
1 Eigelb
60 g Puderzucker
10 g Vanillezucker
½ unbehandelte Orange, abgeriebene Schale
250 g Frischkäse
100 g Quark
1 EL Vanillepuddingpulver
1–2 EL Orangensaft
1–2 EL Limetten- oder Zitronensaft
6–8 Schattenmorellen aus dem Glas, abgetropft, halbiert

Belag:
2 Blatt Gelatine
125 ml Saft von den Schattenmorellen
Schattenmorellen zum Belegen
etwas Puderzucker zum Bestäuben

So wird's gemacht:
Für den Törtchenboden die Kekse in einer Schüssel zerkrümeln. Die zerlassene Butter dazugeben und alles gut vermischen. 2 mit Butter eingefettete Kaffeetassen mit dem Krümelteig auslegen, gut festdrücken und 20 Minuten kühl stellen.

Den Backofen auf 170 Grad Ober-/Unterhitze vorheizen.

Für die Creme Eier, Eigelb, Puder- und Vanillezucker sowie abgeriebene Orangenschale mit den Quirlen des Handrührgeräts etwa 10 Minuten sehr schaumig schlagen. Frischkäse, Quark, Vanillepuddingpulver, Orangen- und Limettensaft hinzufügen und gut unterrühren. Zum Schluss die Schattenmorellen vorsichtig unterheben.
Die Masse auf die gekühlten Törtchenböden geben. Im vorgeheizten Ofen etwa 30 Minuten backen. Den Backofen ausschalten, die Tür leicht öffnen und die Cupcakes noch etwa 10 Minuten im Ofen ziehen lassen.

Für den Belag die Gelatine in kaltem Wasser einweichen. Etwas von dem Saft der Schattenmorellen erwärmen und die ausgedrückte Gelatine darin auflösen. Die aufgelöste Gelatine zu dem restlichen Schattenmorellensaft geben, gut durchrühren und über die fertigen Cupcakes gießen. Die Cupcakes etwa 15 Minuten kühl stellen.

So richte ich an:
Die Cupcakes, sobald sie ganz ausgekühlt sind, kreisförmig mit Schattenmorellen belegen. Zum Servieren mit Puderzucker bestreuen.

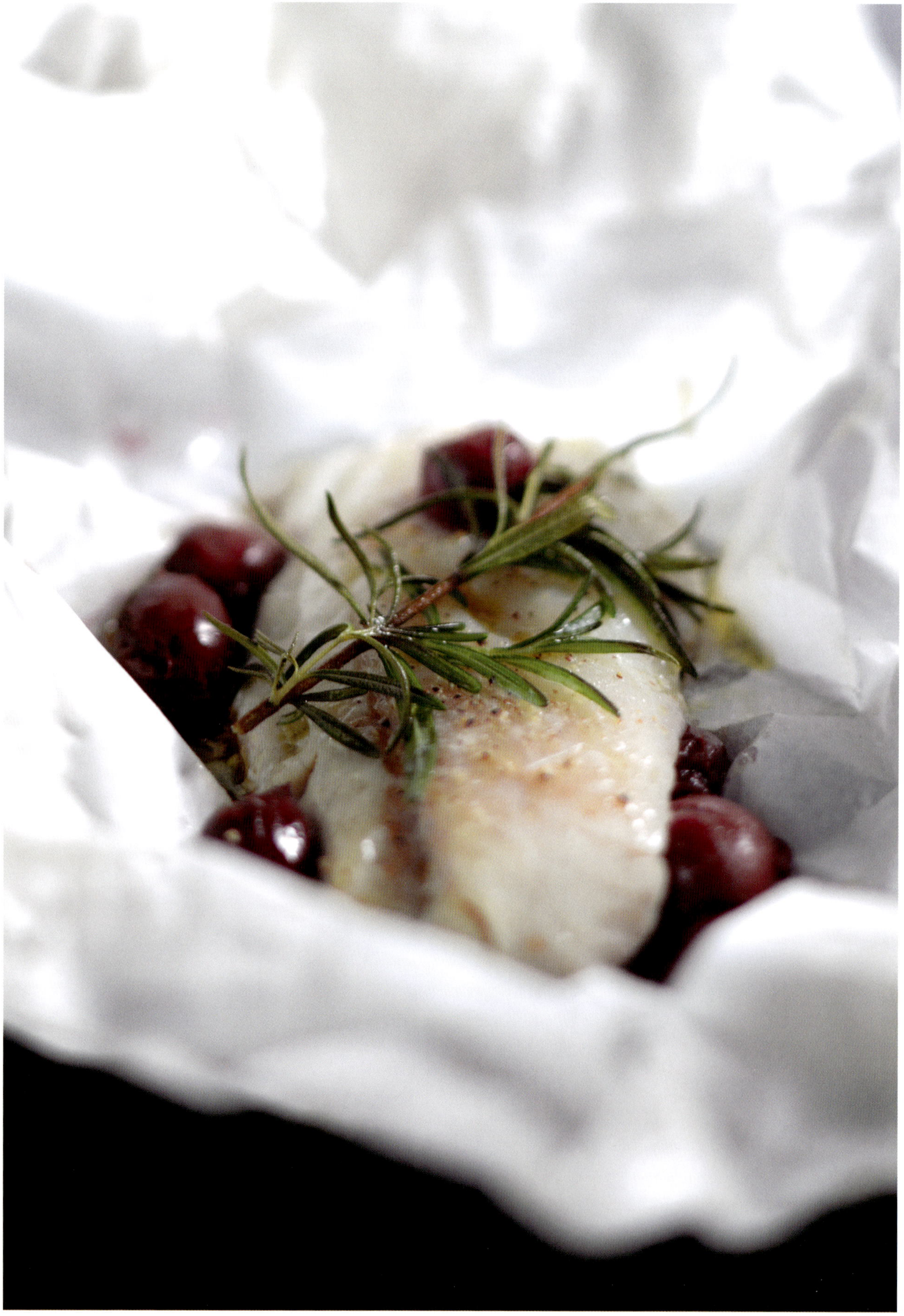

SCHATTENMORELLEN-FISCHPÄCKCHEN

Für 2 Personen
25 Minuten
Handicap: Extrem einfach

2 Fischfilets à 150 g (z. B. Dorsch, Kabeljau, Seelachs)
Meersalz und schwarzer Pfeffer aus der Mühle
½ unbehandelte Zitrone, Saft und abgeriebene Schale
40 g Butter, in Flöckchen
100 g Schattenmorellen aus dem Glas, abgetropft
2 EL Weißwein
Olivenöl
2 Rosmarinzweige

So wird's gemacht:
Den Backofen auf 170 Grad vorheizen. 2 große Stücke Backpapier auf ein Backblech legen. Die Fischfilets mit etwas Salz und Pfeffer würzen. Jedes Filet auf ein Stück Backpapier legen. Das Backpapier jeweils an den Seiten etwas anheben, Zitronensaft und -schale, die Butter in Flöckchen und die Schattenmorellen darauf verteilen, die Fischfilets mit Wein und etwas Olivenöl beträufeln, jeweils 1 Rosmarinzweig dazulegen, das Backpapier über dem Fisch verschließen und die Enden zusammendrehen. Die Fischpäckchen auf dem Blech auf der mittleren Schiene im vorgeheizten Ofen etwa 15 Minuten garen. Der Fisch wird im Päckchen serviert.

Tipp:
Man kann die Fischpäckchen auch sehr gut mit Heftklammern zusammenheften, so halten sie besser.

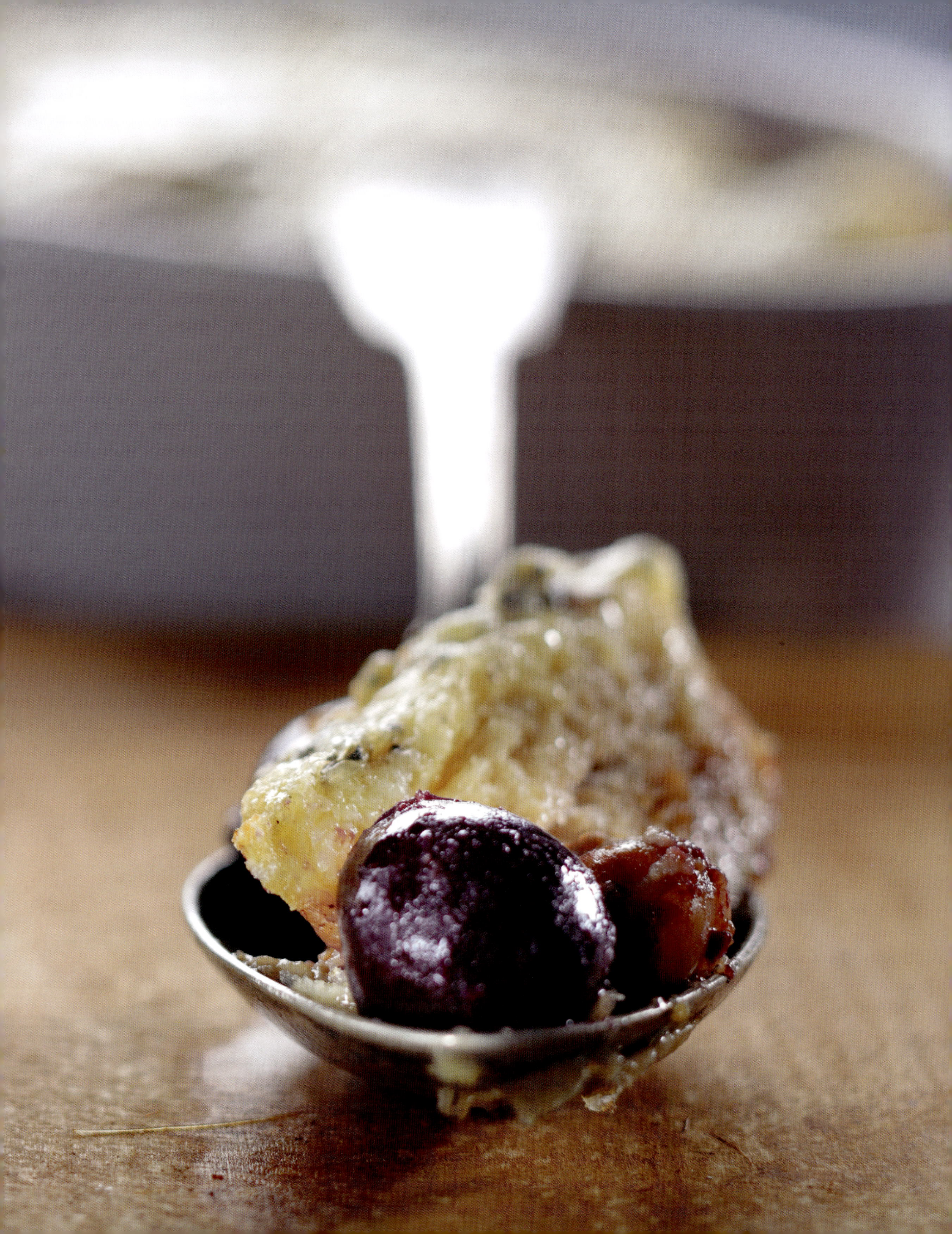

SCHATTENMORELLEN-SCHEITERHAUFEN MIT BLAUSCHIMMELKÄSEKRUSTE

Für 2 Personen
25 Minuten
Handicap: Einfach

Schattenmorellen-Scheiterhaufen:
6 Toastbrotscheiben, entrindet
40 g weiche Butter
2–3 EL Zucker
30 g Haselnüsse, gehackt
75 ml Beerenauslese oder Kirschwasser
75 g Sauerkirschen, entsteint
125 ml Milch
1 Ei
1 Eigelb
30 g Zucker
schwarzer Pfeffer aus der Mühle

Blauschimmelkäsekruste:
1 Eiweiß
1 TL Zucker
20 g Blauschimmelkäse
schwarzer Pfeffer aus der Mühle

So wird der Schattenmorellen-Scheiterhaufen gemacht:
Das Toastbrot dünn mit Butter bestreichen und unter dem Backofengrill leicht anrösten. Den Zucker in einem Topf schmelzen und die Haselnüsse darin karamellisieren. Mit der Beerenauslese oder dem Kirschwasser ablöschen, auf zwei Drittel einkochen und anschließend über die entsteinten Kirschen geben.
Die Milch mit Ei, Eigelb und 30 g Zucker verrühren und mit etwas Pfeffer würzen. Das Toastbrot abwechselnd mit den karamellisierten Haselnüssen und den Kirschen in eine Auflaufform schichten. Mit der Eiermilch übergießen und 10 Minuten ziehen lassen. Anschließend im Ofen bei 180 Grad 10–12 Minuten backen, dann herausnehmen und die Backofentemperatur auf 200 Grad erhöhen.

So wird die Blauschimmelkäsekruste gemacht:
Das Eiweiß mit dem Zucker zu Eischnee schlagen. Den Blauschimmelkäse auf dem Auflauf dünn verteilen und das Ganze mit dem Eischnee bedecken. Mit wenig frisch gemahlenem Pfeffer bestreuen. Den Scheiterhaufen im Ofen nochmals 4 Minuten backen.

So richte ich an:
Den Scheiterhaufen noch heiß sofort in Scheiben schneiden. Dazu die marinierten Kirschen reichen.

MIKES SPECIAL

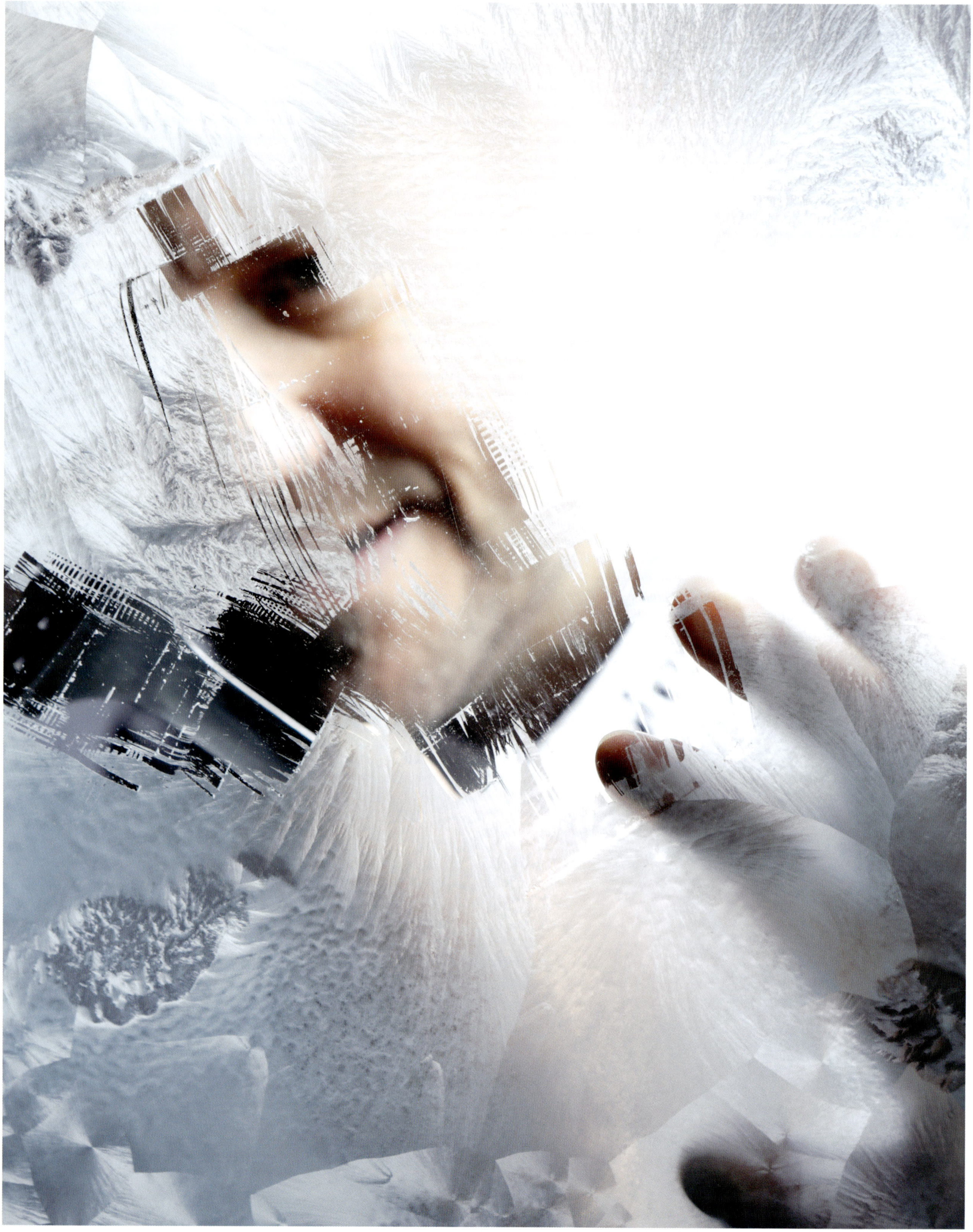

AUS DEM GEFRIERFACH

115 erbsen

125 spinat

135 garnelen

145 teige

155 himbeeren

WAS MACHE ICH MIT ERBSEN?

IDEAL-ZUSTAND

NORMAL-ZUSTAND

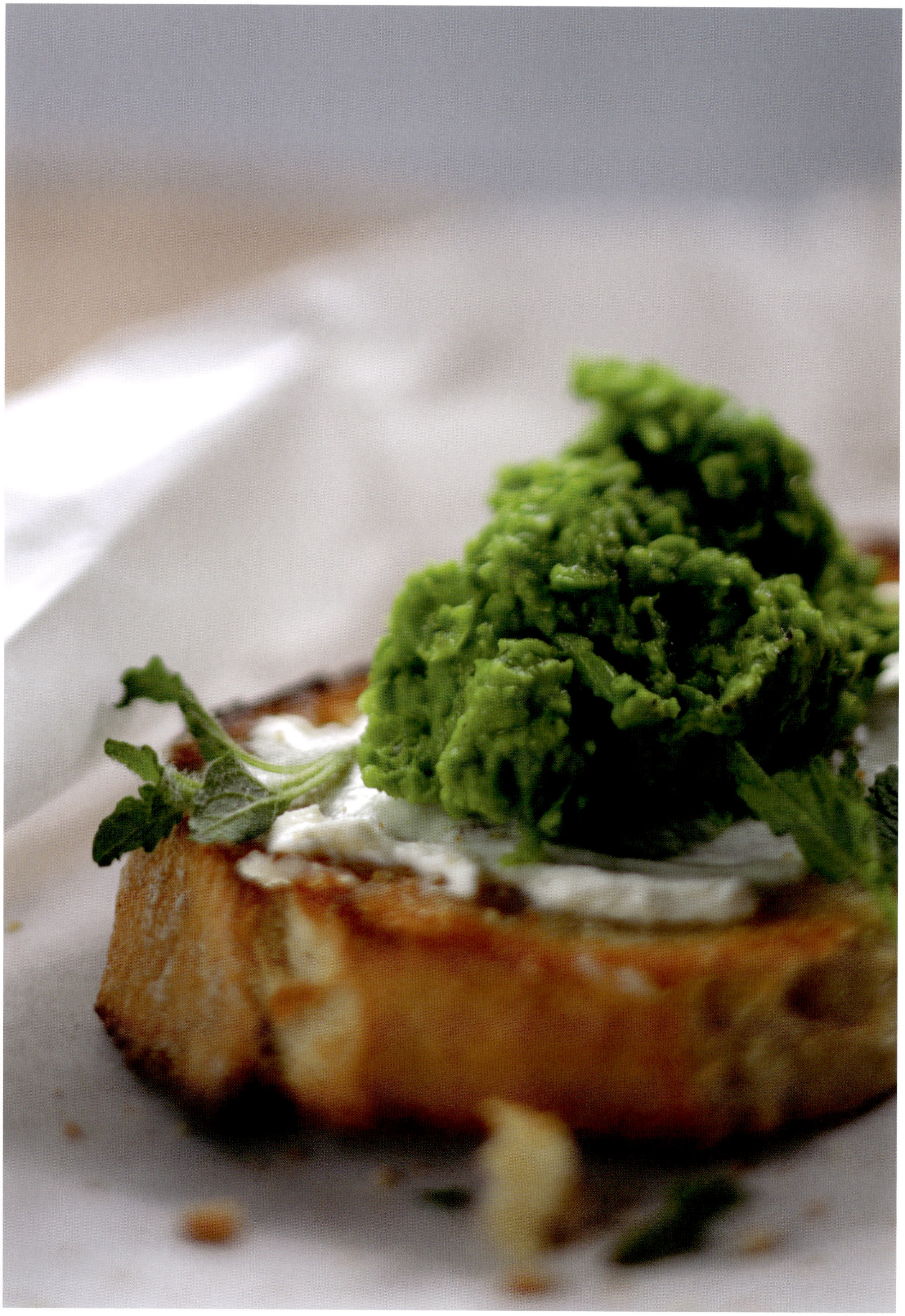

ERBSENPÜREE-CROSTINI

Für 2 Personen
15 Minuten
Handicap: Extrem einfach

250 g tiefgekühlte Erbsen
Salz
2–3 Minzezweige
3–4 EL Olivenöl
1 TL Zitronensaft
Meersalz und Pfeffer aus der Mühle
4 Scheiben Ciabatta
1 Knoblauchzehe, geschält
2–3 EL Ziegenfrischkäse, ersatzweise neutraler Frischkäse

So wird's gemacht:
Die tiefgekühlten Erbsen in etwas Salzwasser 5-6 Minuten kochen, anschließend in Eiswasser abschrecken. Die Minzeblättchen abzupfen, einige kleine Blättchen zum Dekorieren beiseitelegen und den Rest fein schneiden. Die Erbsen abgießen und mit Minze, Olivenöl, Zitronensaft, Meersalz und Pfeffer mit dem Stabmixer grob pürieren.

Die Brotscheiben unter dem Backofengrill von beiden Seiten rösten oder das Brot mehrmals toasten, bis es Farbe hat und knusprig ist. Die knusprigen Brotscheiben mit der Knoblauchzehe einreiben. Mit einer dicken Schicht Ziegenfrischkäse bestreichen, darauf das Erbsenpüree geben und mit der restlichen Minze dekorieren.

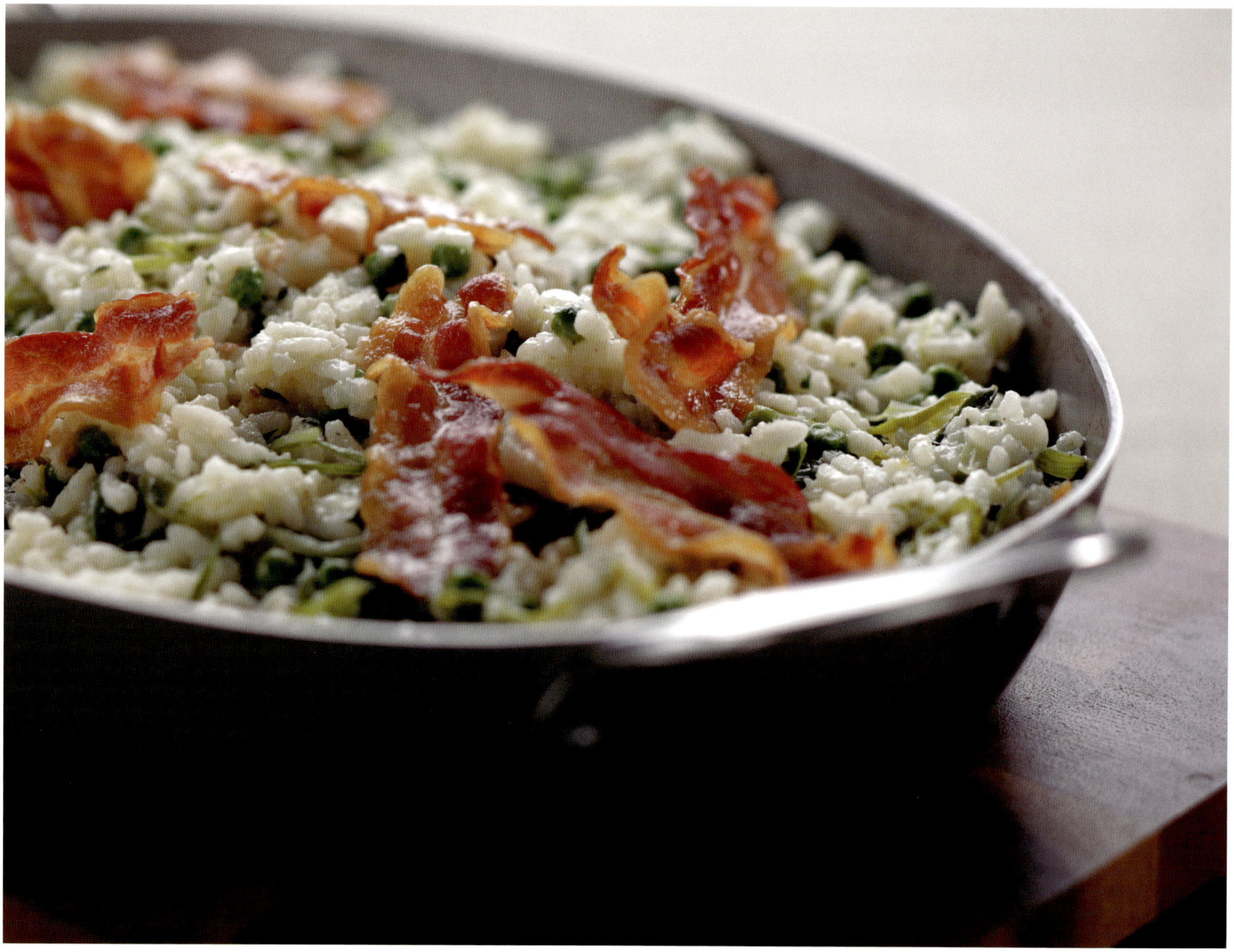

REISAUFLAUF MIT ERBSEN UND SPECK

Für 2 Personen
50 Minuten
Handicap: Einfach

6 Scheiben Frühstücksspeck
1 EL Olivenöl
1 Stange Lauch, in Streifen geschnitten
1 EL Thymian, gehackt
200 g Risottoreis
600 ml Hühnerbrühe
100 g tiefgekühlte Erbsen
50 g Parmesan, frisch gerieben
1 EL Minze, gehackt
Meersalz und schwarzer Pfeffer aus der Mühle

So wird's gemacht:
Den Backofen auf 200 Grad Umluft vorheizen.
2 Scheiben Frühstücksspeck in Würfel schneiden. Das Olivenöl in einer Pfanne erhitzen und den gewürfelten Speck darin kurz anbraten. Die Lauchstreifen zugeben und so lange mitbraten, bis der Lauch etwas Farbe hat. Dann den Thymian zugeben. Die Lauch-Speck-Mischung in eine Auflaufform geben, den Reis und die Brühe dazugeben und alles gut umrühren. Die Form mit Alufolie abdecken und den Auflauf etwa 30 Minuten im vorgeheizten Ofen garen. Anschließend die Erbsen dazugeben und den Auflauf weitere 10 Minuten zugedeckt im Ofen weitergaren.
Die restlichen Speckscheiben auf ein Blech geben und ebenfalls im Ofen etwa 8 Minuten knusprig backen.
Den Reisauflauf aus dem Ofen nehmen. Parmesan, Minze, Salz und Pfeffer unterheben und einige Minuten gut rühren, bis der Reis andickt. Auf Teller verteilen und mit dem knusprig gerösteten Speck garnieren.

Varianten:

Mit Kürbis und Feta:
Den Speck weglassen und stattdessen 300 g gewürfelten Kürbis zusammen mit dem angedünsteten Lauch, dem Reis und der Brühe dazugeben. Die Minze durch Basilikum ersetzen und vor dem Servieren 100 g zerkrümelten Feta über den Auflauf streuen.

Mit grünem Spargel und Zitrone:
Den Speck weglassen und stattdessen mit dem Reis und der Brühe 1 EL abgeriebene Zitronenschale und 2 EL Zitronensaft in die Auflaufform geben. Gleichzeitig mit den Erbsen 400 g halbierte grüne Spargelstangen hinzugeben.

Mit Huhn und Spinat:
Den Speck weglassen und statt der Erbsen zusammen mit dem Parmesan und der Minze 200 g in Streifen geschnittenes, gegartes Hühnerfleisch, 30 g zarte, junge Spinatblätter und 1 TL abgeriebene Zitronenschale unter den Reis heben.

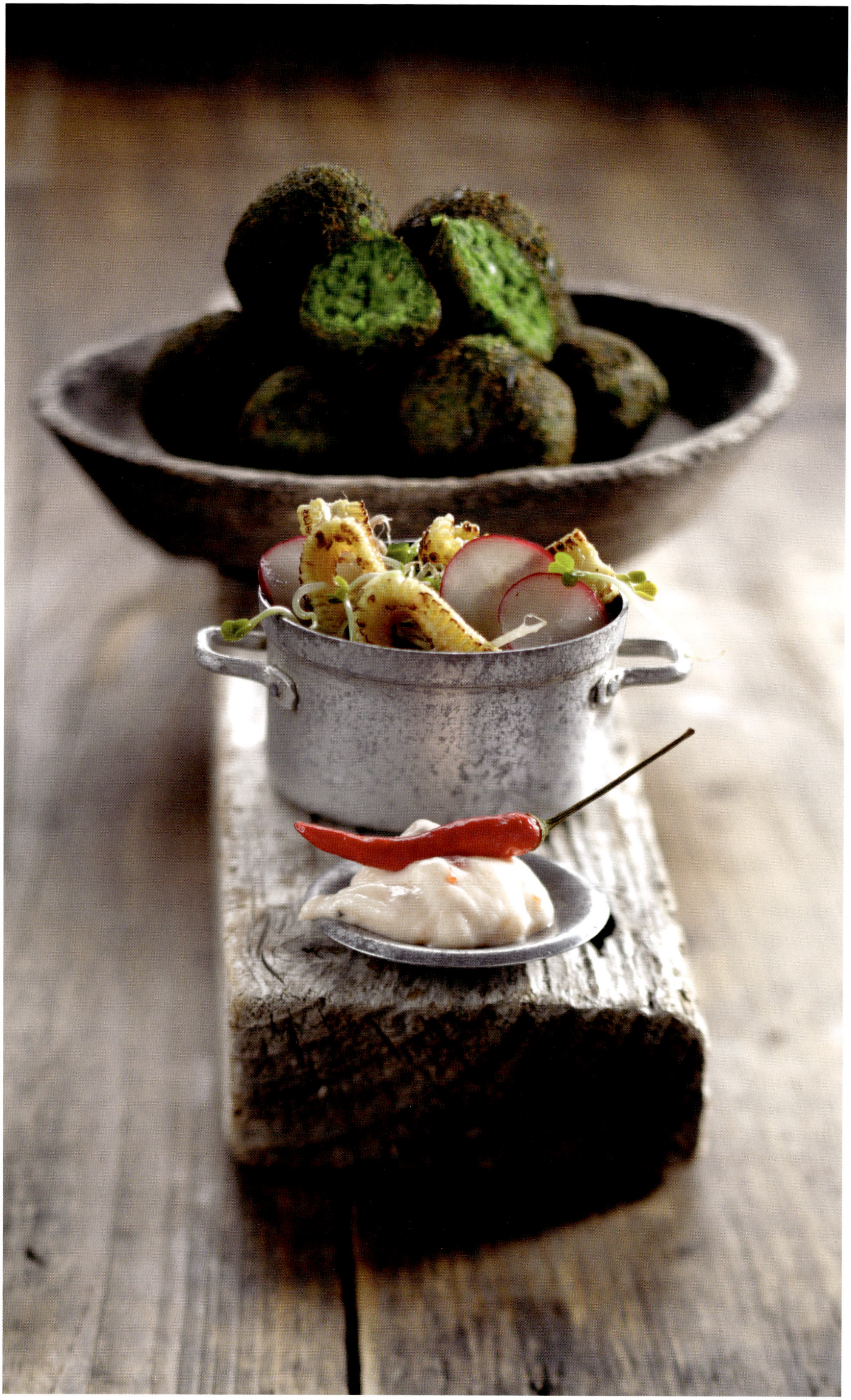

ERBSENFALAFEL MIT CHILI-MAYO

Für 2 Personen
1 Stunde
Handicap: Einfach

Erbsenfalafel:
250 g tiefgekühlte Erbsen
2 Zwiebeln, fein gewürfelt
2 Knoblauchzehen, fein gewürfelt
1 EL Petersilie, fein gehackt
1 EL Koriander, fein gehackt
je 1 TL gemahlener Koriander, Kreuzkümmel und Currypulver
1–2 TL Meersalz
schwarzer Pfeffer aus der Mühle
1 TL Backpulver
2 TL Kartoffel- oder Maisstärke
Pflanzenöl zum Frittieren

Chili-Mayo:
100 g Mayonnaise
50 g Joghurt (am besten griechischen)
2–3 EL Sweet Chili Sauce
Meersalz und schwarzer Pfeffer aus der Mühle

Zum Anrichten:
3 Minimaiskolben
2 Radieschen, mit Grün, in hauchdünne Scheiben geschnitten
50 g Radieschensprossen
6–8 Erbsen
1–2 EL Olivenöl
Meersalz und schwarzer Pfeffer aus der Mühle
1 Spritzer Zitronensaft
1 TL Honig

So werden die Erbsenfalafel gemacht:
Die tiefgekühlten Erbsen in einem Sieb unter kaltem Wasser abspülen, abtropfen lassen und in den Mixer geben. Zwiebeln, Knoblauch, Kräuter und Gewürze, das Backpulver und die Stärke dazugeben und alles so fein wie möglich zerkleinern. Die Masse mit den Händen zu kleinen Bällchen formen. Das Öl in einem tiefen Topf erhitzen und die Falafel darin etwa 3-4 Minuten goldbraun frittieren.

So wird die Chili-Mayo gemacht:
Alle Zutaten für die Chili-Mayonnaise in eine Schüssel geben und gründlich verrühren.

So richte ich an:
Die Minimaiskolben halbieren und auf der Körnerseite scharf anbraten, bis sie leicht braun werden. Mit den Radieschenscheiben, den Radieschensprossen, Erbsen und Olivenöl vermischen und mit Salz, Pfeffer, Zitronensaft und Honig abschmecken. Die Erbsenfalafel mit dem Mais-Radieschen-Salat und der Chili-Mayo anrichten.

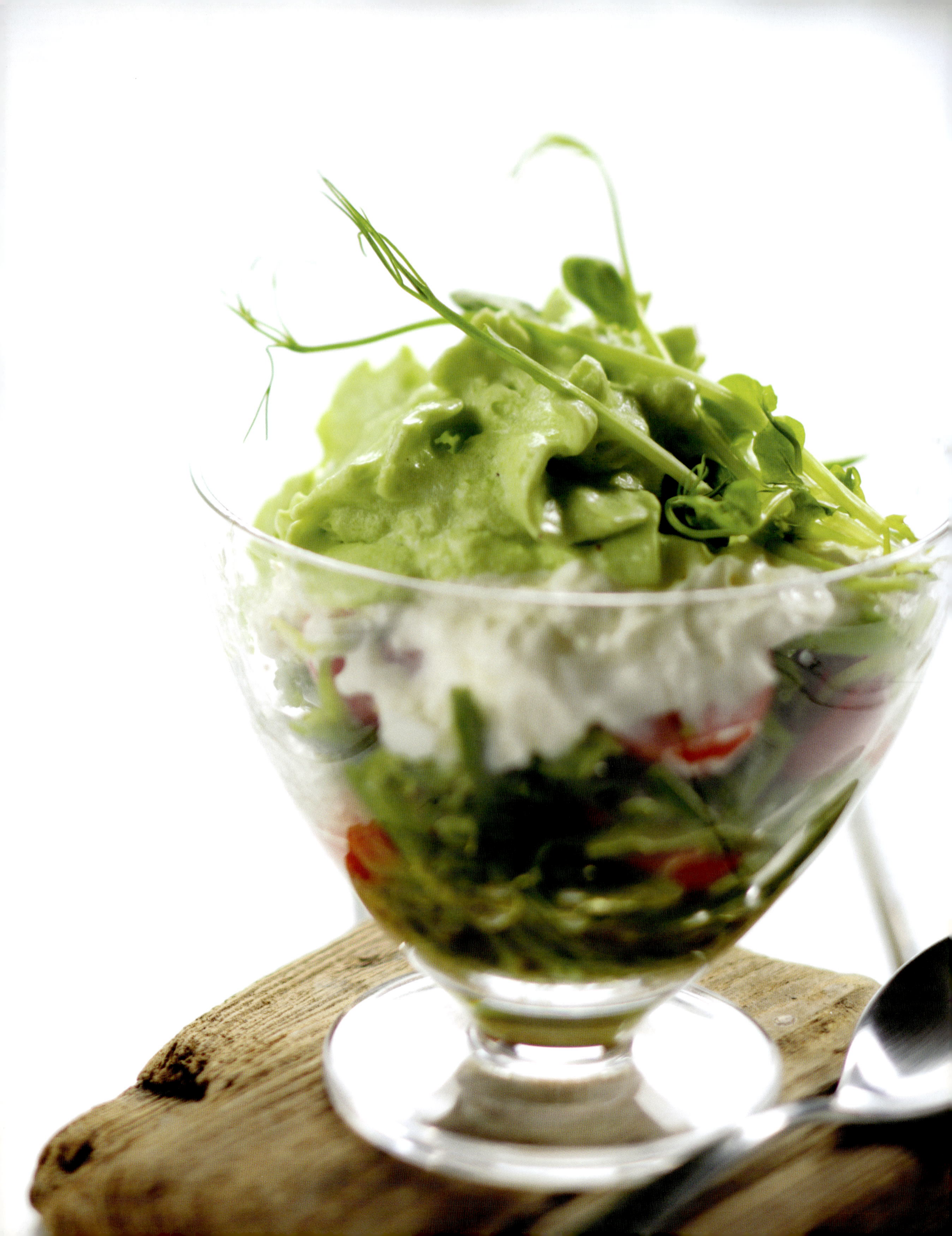

MIKES SPECIAL

TOMATEN-ERBSEN-SALAT MIT ERBSENCREME UND PARMESANSAHNE

Für 2 Personen
45 Minuten
Handicap: Einfach

Erbsencreme:
2 Blatt Gelatine
100 ml Geflügelfond
150 g tiefgekühlte Erbsen
½ TL abgeriebene Schale einer unbehandelten Zitrone
Meersalz und schwarzer Pfeffer aus der Mühle
150 ml Sahne

Parmesansahne:
200 ml Sahne
40 g Parmesan, grob gehobelt
Meersalz und schwarzer Pfeffer aus der Mühle

Tomaten-Erbsen-Salat:
200 g Kirschtomaten
200 g Erbsen in der Schote, in feine Streifen geschnitten
2 EL weißer Balsamicoessig
4 EL Olivenöl
Meersalz und schwarzer Pfeffer aus der Mühle
6 Erbsensprossen

So wird die Erbsencreme gemacht:
Für die Erbsencreme die Gelatine in kaltem Wasser einweichen. Den Geflügelfond erhitzen und die tiefgekühlten Erbsen darin 3 Minuten garen. Im Mixer sehr fein pürieren. Durch ein feines Sieb in einen Topf streichen. Mit Zitronenschale, Salz und Pfeffer abschmecken und noch einmal erwärmen. Die Gelatine ausdrücken, im heißen Erbsenpüree auflösen und das Püree im kalten Wasserbad kalt rühren. Dann die Sahne unterrühren. Die Masse in eine ISI-Whip-Flasche füllen, eine Sahnekapsel einsetzen und die Flasche verschließen. Kräftig schütteln und kalt stellen.

So wird die Parmesan-Sahne gemacht:
Die Sahne in einem kleinen Topf erwärmen, den Parmesan zugeben und mit 1 Prise Salz und etwas Pfeffer würzen. Etwas abkühlen, dann im Kühlschrank vollständig auskühlen lassen. Durch ein feines Küchensieb streichen und erneut kalt stellen.

So wird der Tomaten-Erbsen-Salat gemacht:
Schnelle Variante:
Die Tomaten vierteln und mit den Erbsenschotenstreifen, Essig, Olivenöl, 1 Prise Salz und Pfeffer verrühren.

Aufwendiger, wenn man mehr Zeit hat:
Die Tomaten in kochendem Wasser 10 Sekunden blanchieren, dann in eiskaltem Wasser abschrecken. Die Tomaten häuten, vierteln, die Kerne mit einem Teelöffel herauskratzen, in ein feines Küchensieb geben und gut ausdrücken; den Saft auffangen und 50 ml Saft abmessen. Den Saft mit Essig, Olivenöl, 1 Prise Salz und Pfeffer verrühren. Das Tomatenfleisch und die Erbsenschotenstreifen darin marinieren.

So richte ich an:
Die Parmesan-Sahne mit dem Handmixer cremig-dick aufschlagen. Den Tomaten-Erbsen-Salat auf 2 Gläser verteilen. Darauf jeweils 2–3 EL Parmesan-Sahne geben und mit der Erbsencreme abschließen. Mit den Erbsensprossen garnieren und sofort servieren.

Tipp:
Wer keine ISI-Flasche hat, kann die Sahne getrennt steif schlagen, unterheben, alles in einen Einweg-Spritzbeutel füllen und kalt stellen.

WAS MACHE ICH MIT SPINAT?

IDEAL-ZUSTAND

NORMAL-ZUSTAND

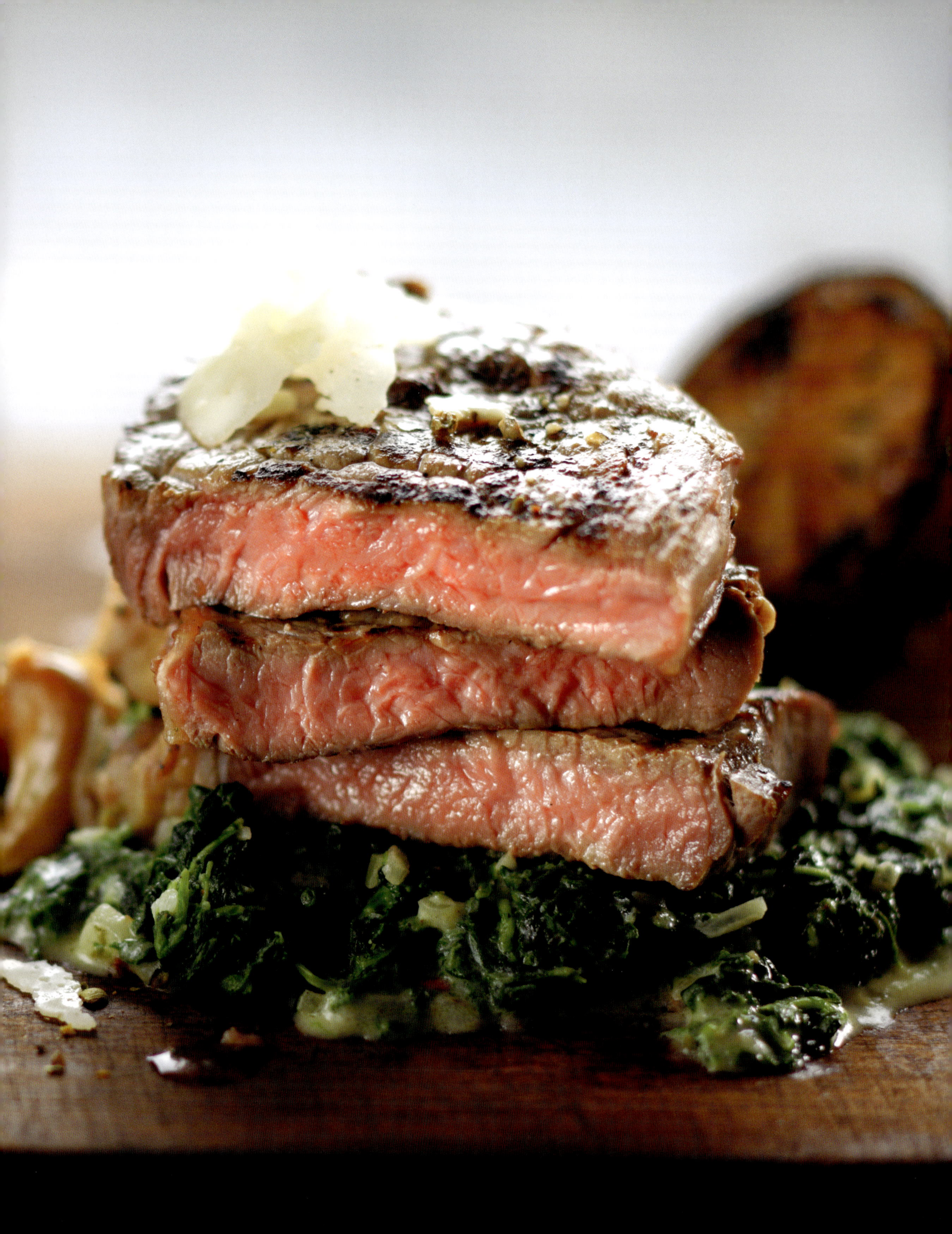

RUMPSTEAKS MIT SPINAT UND GEBRATENER ZITRONE

Für 2 Personen
20 Minuten
Handicap: Einfach

Für die Rumpsteaks:
400 g Rumpsteaks
2 EL Olivenöl
Meersalz aus der Mühle, Zucker, schwarzer Pfeffer aus der Mühle

Spinat:
2 EL Butter
2 EL Olivenöl
½ Zwiebel, fein gewürfelt
1 Knoblauchzehe, fein gewürfelt
200 ml Sahne
500 g tiefgekühlter Spinat, aufgetaut und ausgedrückt
¼ TL frisch geriebene Muskatnuss
Meersalz und schwarzer Pfeffer aus der Mühle
50 g frischer Parmesan, fein gerieben

Zum Anrichten:
6 Knoblauchzehen, ungeschält
1 EL natives Olivenöl
Meersalz
1 unbehandelte Zitrone, halbiert
einige frische Spinatblätter
etwas Parmesan, gehobelt

So wird's gemacht:
Die Rumpsteaks leicht flach drücken. Sie sollen etwa 3 cm dick sein. Das Olivenöl in einer Grillpfanne erhitzen. Die Rumpsteaks leicht salzen und zuckern und in dem erhitzten Öl von jeder Seite 3-4 Minuten braten. Anschließend die Steaks pfeffern, in Alufolie einwickeln und 3-4 Minuten ruhen lassen. Zum Servieren die Steaks in Scheiben schneiden.

Für den Spinat die Butter mit dem Olivenöl erhitzen, Zwiebel und Knoblauch darin anschwitzen, ohne Farbe annehmen zu lassen. Mit der Sahne ablöschen und auf die Hälfte einreduzieren. Erst kurz vor dem Servieren den Spinat dazugeben und mit Muskat, Salz, Pfeffer und dem geriebenen Parmesan abschmecken.

Den Ofen auf 200 Grad vorheizen. Ein Stück Alufolie (ca. 10 x 10 cm) ausbreiten, die 6 ungeschälten Knoblauchzehen daraufgeben, mit dem Olivenöl beträufeln und leicht salzen. Im vorgeheizten Ofen 20 Minuten garen. Die Zitronenhälften in der Grillpfanne anbraten, bis die Schale leichte braun-schwarze Streifen aufweist.

So richte ich an:
Die Rindfleischscheiben auf dem Spinat anrichten, die Knoblauchzehen in der Schale und die gebratenen Zitronenhälften dazu reichen. Mit den frischen Spinatblättern und etwas gehobeltem Parmesan garnieren.

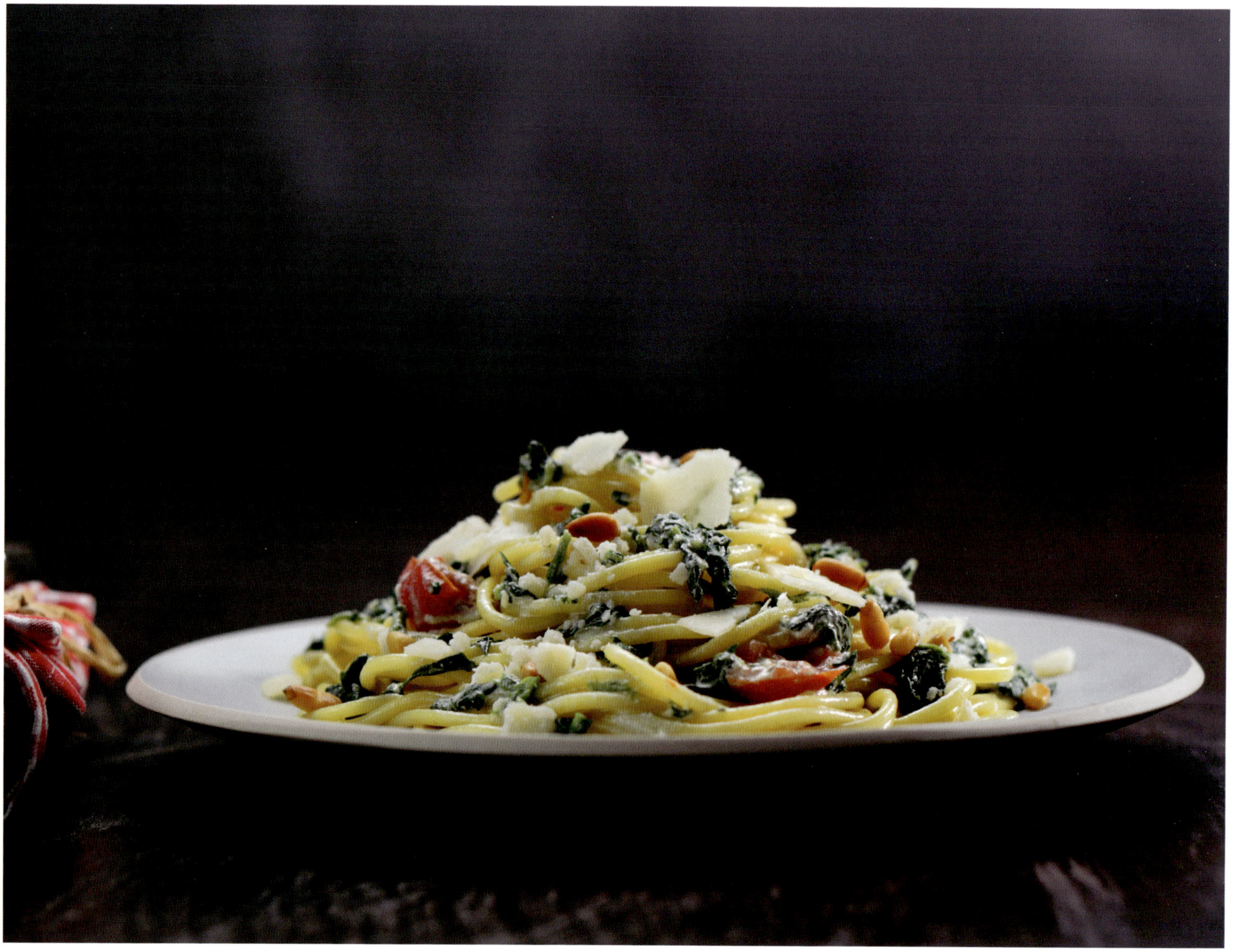

SPAGHETTI MIT SPINAT-RICOTTA-TOMATEN

Für 2 Personen
20 Minuten
Handicap: Sehr einfach

Spaghetti:
500 g Spaghetti
Salz
4–5 EL Olivenöl
50 g Parmesan, frisch gerieben

Spinat-Ricotta-Tomaten:
2 EL Olivenöl
1 Zwiebel, fein gewürfelt
1 Knoblauchzehe, fein gewürfelt
1 Chilischote, entkernt, fein gehackt
150 ml Gemüsefond
350 g tiefgekühlter Blattspinat, aufgetaut, ausgedrückt, grob gehackt
40 g Kirschtomaten, halbiert
200 g Ricotta
Meersalz und schwarzer Pfeffer aus der Mühle
frisch geriebene Muskatnuss

Zum Anrichten und Dekorieren:
3 EL Pinienkerne
1 Basilikumzweig, Blätter abgezupft
einige Parmesanspäne
2 Kirschtomaten, halbiert

So werden die Spaghetti gemacht:
Die Spaghetti in gut gesalzenem Wasser bissfest kochen. Abgießen, dabei das Kochwasser auffangen und die Spaghetti abtropfen lassen. Das Olivenöl in eine Schüssel geben, die Spaghetti und etwas von dem Kochwasser dazugeben. Kurz vor dem Servieren den Parmesan einrieseln lassen, bis die Spaghetti eine cremige Konsistenz haben.

So werden die Spinat-Ricotta-Tomaten gemacht:
In einer Pfanne das Öl erhitzen, Zwiebel und Knoblauch darin anschwitzen. Die Chili zugeben, mit dem Gemüsefond ablöschen und auf die Hälfte einkochen. Den Spinat dazugeben und so lange schwenken, bis er erwärmt ist. Die Tomaten und die Hälfte des Ricottas dazugeben. Mit Salz, Pfeffer und Muskat abschmecken und zu den Spaghetti in die Schüssel geben. Die Spinat-Ricotta-Spaghetti gut durchschwenken.

So richte ich an:
Während die Spaghetti kochen, die Pinienkerne in einer beschichteten Pfanne ohne Fett goldbraun rösten, anschließend auf Küchenpapier geben. Die fertigen Spaghetti mit Pinienkernen, Basilikumblättern, Parmesanspänen und den halbierten Kirschtomaten anrichten.

130

SPINAT-CURRY-SUPPE MIT PAPADAM UND RÄUCHERLACHS

Für 2 Personen
25 Minuten
Handicap: Extrem einfach

Spinat-Curry-Suppe:
3 EL Olivenöl
2 EL Butter
3 Zwiebeln, fein gewürfelt
1 Knoblauchzehe, fein gehackt
20 g frischer Ingwer, geschält, gerieben
250 g tiefgekühlter Spinat, aufgetaut und ausgedrückt
1 EL Currypulver
1 Dose ungesüßte Kokosmilch
300 ml Gemüsebrühe
Meersalz und schwarzer Pfeffer aus der Mühle, Zucker
1 Limette, Saft

4 Papadams (indische Teigfladen)

Zum Anrichten und Dekorieren:
100 g Räucherlachs, in Scheiben
100 g griechischer Joghurt
1 Prise gemahlener Kreuzkümmel
1 Spritzer Limettensaft
Meersalz und schwarzer Pfeffer aus der Mühle

So wird die Spinat-Curry-Suppe gemacht:
Olivenöl und Butter zusammen erhitzen, Zwiebel, Knoblauch und Ingwer darin anschwitzen, ohne Farbe annehmen zu lassen. Den Spinat hinzufügen. Mit dem Currypulver bestäuben und kurz weiter dünsten. Mit Kokosmilch und Gemüsebrühe ablöschen und die Suppe 10 Minuten kochen lassen. Dann mit Salz, Pfeffer, Zucker und Limettensaft abschmecken und im Mixer zu einer feinen, cremigen Suppe mixen.

So werden die Papadams gemacht:
Rösten über einer Gasflamme: Die Papadams mit einer Zange greifen und über einer offenen Gasflamme rösten. Dies dauert nicht länger als 30 Sekunden. Dabei schnell und häufig wenden, damit die Brote nicht verbrennen. Sobald die Papadams sich dunkler färben, einrollen und knusprig werden, sind sie fertig. Rösten auf dem Elektrogrill: Die Papadams auf den Grill legen und unter Wenden auf beiden Seiten grillen. Zubereitung in der Mikrowelle: Die Papadams für 15–20 Sekunden bei hoher Stufe in der Mikrowelle garen.

So richte ich an:
Den Räucherlachs bis auf 2 Scheiben in Streifen schneiden. Den Joghurt mit Kreuzkümmel und Limettensaft verrühren und abschmecken. Die Lachsstreifen als Einlage in 2 Suppentassen oder -teller geben. Mit der Suppe auffüllen, den Joghurt obendrauf geben und mit je 1 Lachsscheibe garnieren.

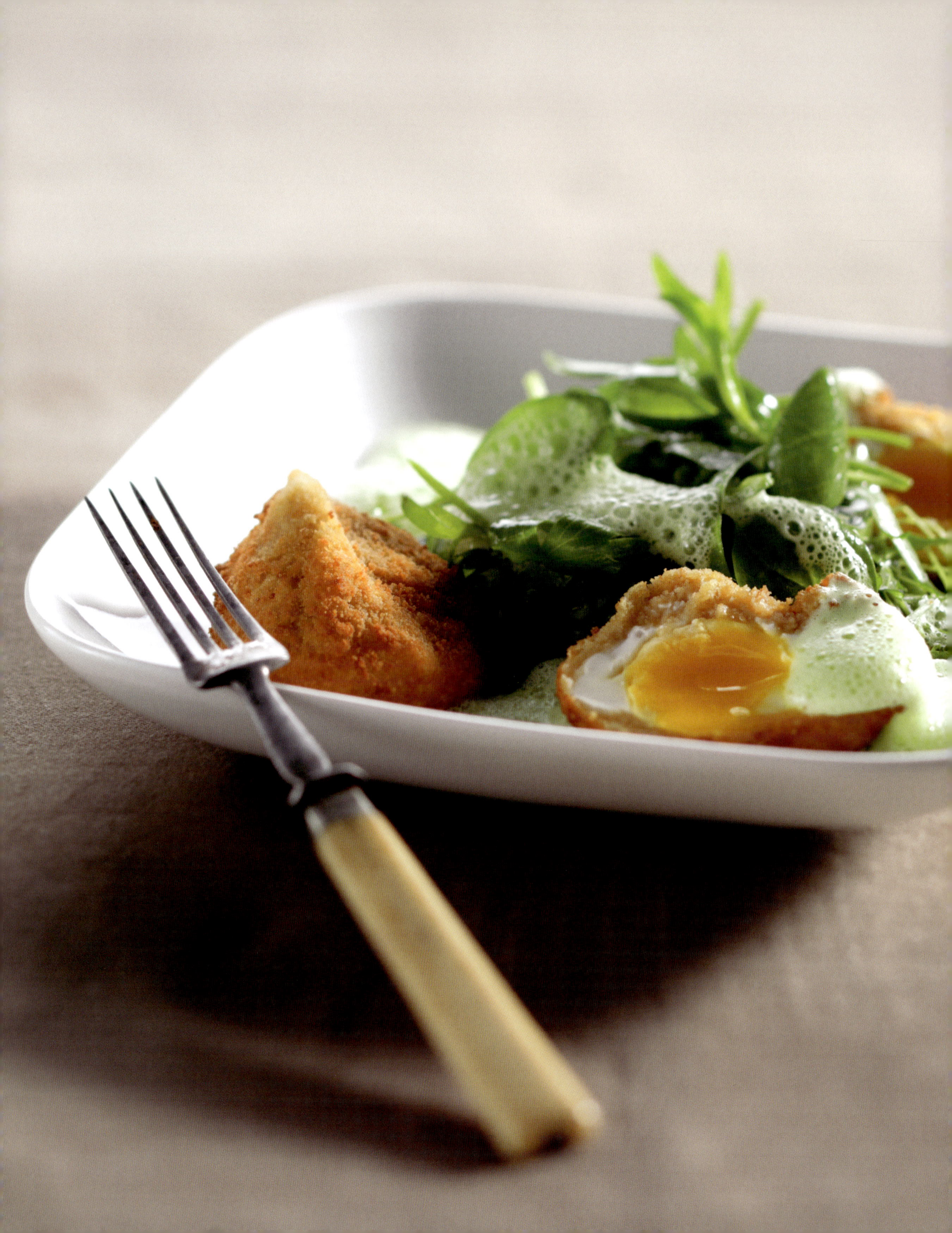

SPINAT-WILDKRÄUTER-SALAT MIT GEBACKENEM EI UND SAUERAMPFERSCHAUM

Für 2 Personen
40 Minuten
Handicap: Einfach

Spinat-Wildkräuter-Salat:
200 g junger frischer Spinat
50 g Rucola
je 10 g Pimpinelle, Kresse, Kerbel, Schnittlauch, Petersilie, Borretsch und Sauerampfer
8 Kerbelzweige, Blättchen abgezupft
2 EL Himbeer-Rosmarin-Essig (siehe Seite 157)
2 EL Walnussöl
4 EL Olivenöl
½ Zitrone, Saft
Meersalz und schwarzer Pfeffer aus der Mühle
1–2 TL Honig
8 frische Himbeeren
4 Walnusshälften, gehackt (ergibt 2 EL)

Gebackene Eier:
40 ml Tafelessig
4 Eier
Mehl
1 Ei, aufgeschlagen
80 g Semmelbrösel
Pflanzenöl

Sauerampferschaum:
50 g Butter
1 Schalotte, fein gewürfelt
½ Knoblauchzehe, fein gewürfelt
100 g Sauerampfer, geputzt
80 g frischer Spinat, geputzt
3 EL Weißwein
100 ml Gemüsefond
80 ml Sahne
50 g Crème fraîche
Salz und schwarzer Pfeffer aus der Mühle
1 EL eiskalte Butter

So wird der Spinat-Wildkräuter-Salat gemacht:
Den Spinat mit Rucola und Kräutern in einer Schüssel vermischen. Den Essig mit den beiden Ölsorten und dem Zitronensaft zu einem Dressing verrühren, mit Salz, Pfeffer und Honig abschmecken. Das Dressing erst unmittelbar vor dem Servieren über den Salat geben und gut vermischen.

So werden die gebackenen Eier gemacht:
Den Tafelessig mit etwa ½ Liter Wasser aufkochen und sieden lassen. Die Eier jeweils einzeln in eine Suppenkelle aufschlagen und nacheinander in dem Essigwasser etwa 4 Minuten pochieren. Dazu erzeugt man, bevor das Ei zugegeben wird, mit einem Schneebesen einen Strudel im Wasser und lässt das Ei in diesen Strudel hineingleiten. Das fertig pochierte Ei herausheben. Mehl, Ei und Semmelbrösel getrennt in tiefe Teller geben und die pochierten Eier zuerst im Mehl, dann im Ei und zum Schluss in den Semmelbröseln wenden. Anschließend in erhitztem Pflanzenöl 1 Minute goldgelb ausbacken.

So wird der Sauerampferschaum gemacht:
Die Butter schmelzen, Schalotte und Knoblauch darin glasig dünsten. Sauerampfer und Spinat hinzufügen, mit Weißwein ablöschen. Den Gemüsefond angießen. Alles aufkochen, pürieren und durch ein Sieb streichen. Die Sahne und die Crème fraîche zugeben. Mit Salz und Pfeffer abschmecken. Kurz vor dem Servieren die eiskalte Butter einrühren und alles mit dem Stabmixer schaumig aufschlagen.

So richte ich an:
Den Spinat-Wildkräuter-Salat mit den frischen Himbeeren und den gehackten Walnüssen garnieren, die gebackenen Eier darauf anrichten und mit dem Sauerampferschaum vollenden.

MIKES SPECIAL

WAS MACHE ICH MIT GARNELEN?

IDEAL-ZUSTAND

NORMAL-ZUSTAND

»

+

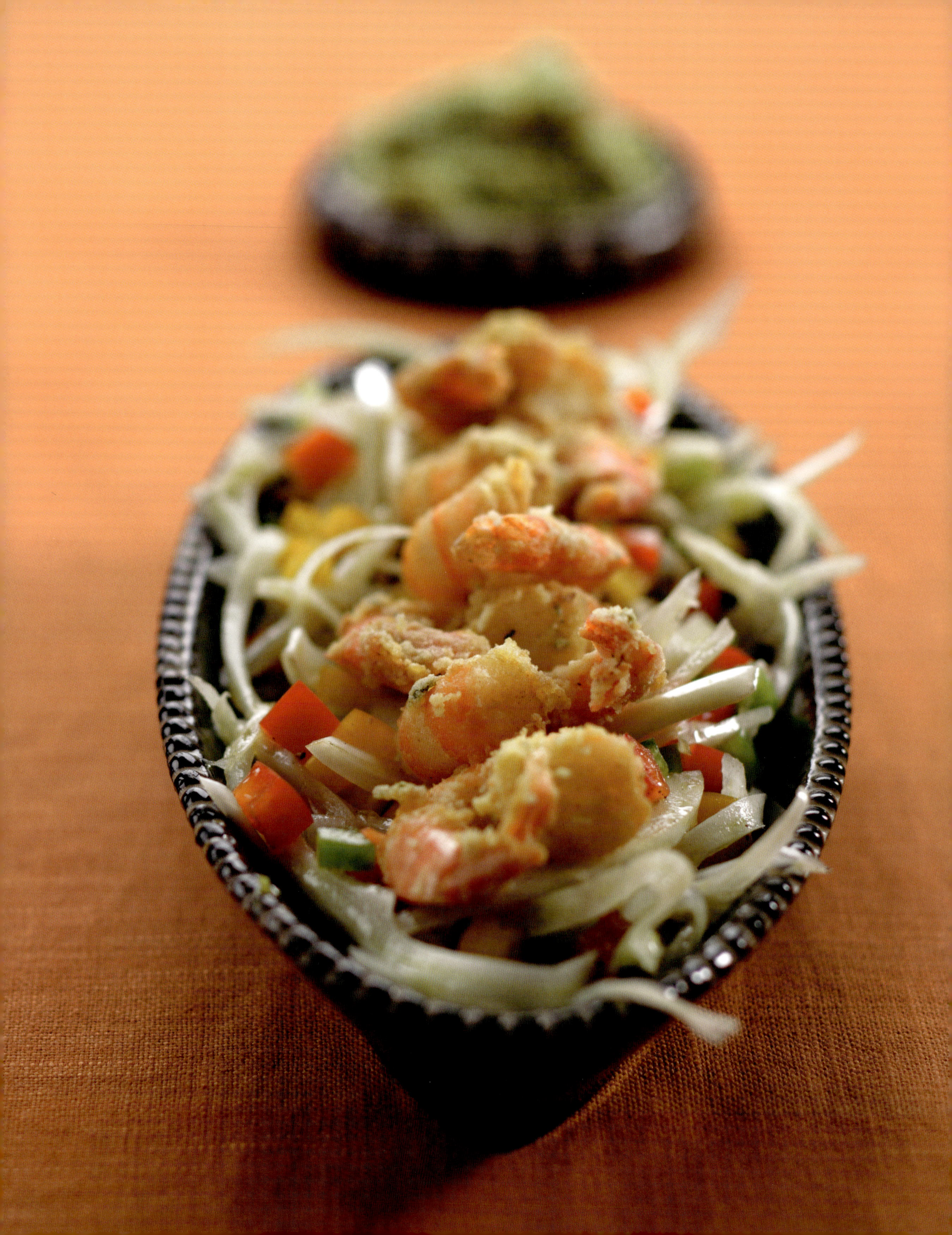

MARINIERTE GARNELEN-KRACHER MIT GUACAMOLE UND FENCHELSALAT

Für 2 Personen
30 Minuten
Handicap: Einfach

Garnelen-Kracher:
50 g Pinienkerne
1 Bund Basilikum, Blätter abgezupft
50 g Parmesan, frisch gerieben
50 g Pecorino, frisch gerieben
1 Knoblauchzehe, fein gehackt
80 ml Olivenöl
6 Garnelen, aufgetaut, geschält
10 g Kartoffelmehl
½ TL Currypulver
Pflanzenöl zum Ausbacken

Guacamole:
1 Avocado, entkernt, geschält und gewürfelt
½ Zitrone, Saft
½ rote Chilischote, entkernt, fein gehackt
½ Zwiebel, fein gewürfelt
Meersalz und schwarzer Pfeffer aus der Mühle
1 Knoblauchzehe, fein zerrieben

Fenchelsalat:
1 Fenchelknolle, in feine Streifen geschnitten
Salz
je 2 EL gewürfelte rote, gelbe und grüne Paprikaschote
20 ml Essig
1 cl Pernod
40 ml Olivenöl
Meersalz und schwarzer Pfeffer aus der Mühle

So werden die Garnelen-Kracher gemacht:
Die Pinienkerne in einer Pfanne ohne Fett anrösten, anschließend etwas auskühlen lassen. Dann mit dem Basilikum, den beiden Käsesorten, Knoblauch und Olivenöl im Mixer pürieren. Die Garnelen in diesem Pesto marinieren – je länger, desto besser! Das Kartoffelmehl mit dem Currypulver mischen.
Erst kurz vor dem Servieren die marinierten Scampi in der Currymehlmischung wälzen und sofort in erhitztem Pflanzenöl ausbacken.

So wird die Guacamole gemacht:
Die Avocadowürfel sofort mit dem Zitronensaft vermengen, damit sie sich nicht braun verfärben. Die gehackte Chilischote und die Zwiebel dazugeben und mit einer Gabel zu einem feinen Püree verarbeiten. Mit Salz, Pfeffer und Knoblauch abschmecken.

So wird der Fenchelsalat gemacht:
Die Fenchelstreifen salzen, leicht durchkneten und etwa ½ Stunde stehen lassen. Anschließend mit den Paprikawürfeln vermischen und mit dem Essig, dem Pernod, dem Öl und Salz und Pfeffer abschmecken.

Anrichten:
Die Garnelen-Kracher auf dem Salat anrichten und die Guacamole daneben geben.

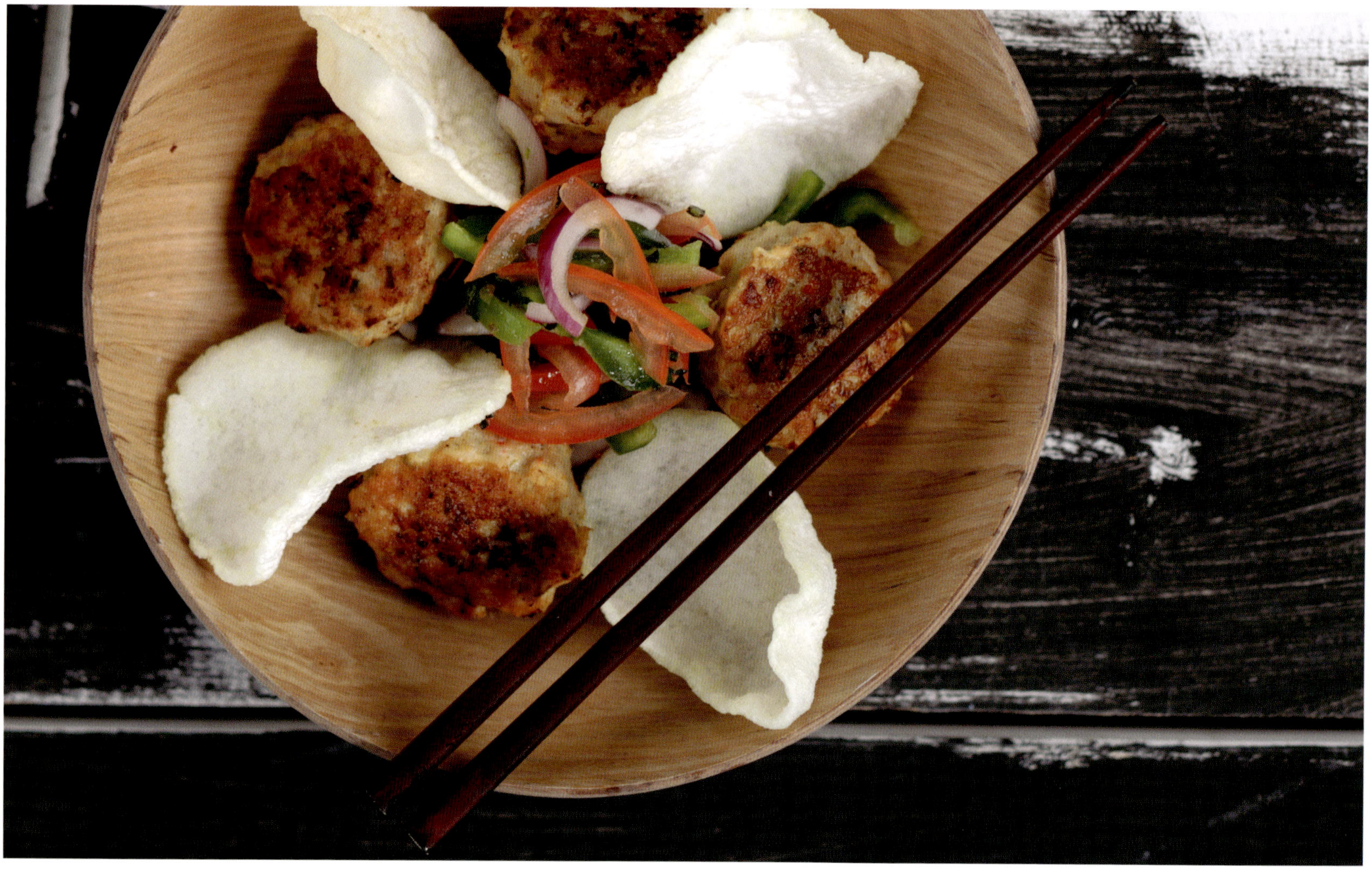

BESOFFENE GARNELEN-HÄHNCHEN-BULETTEN MIT SALSA CRIOLLA

Für 2 Personen
30–40 Minuten
Handicap: Einfach

Garnelen-Hähnchen-Buletten:
300 g Hähnchenbrust, klein geschnitten
100 g Garnelen, aufgetaut, geschält, klein geschnitten
1 Zwiebel, fein gewürfelt
½ TL eingelegter grüner Pfeffer, fein gehackt
1 TL Kapern, fein gehackt
2 TL Sojasauce
Tabasco nach Geschmack
1 TL Worcestersauce
1 Ei
1 EL Semmelbrösel
Meersalz
Cognac
Pflanzenöl zum Anbraten

Salsa Criolla:
100 g Tomaten, entkernt, in sehr feine Streifen geschnitten
1 rote Zwiebel, in sehr feine Streifen geschnitten
100 g grüne Paprikaschote, entkernt, in sehr feine Streifen geschnitten
1 EL Rotweinessig
1 EL Olivenöl
1 TL Oregano, fein gehackt
1 TL grobes Meersalz
schwarzer Pfeffer aus der Mühle

Zum Anrichten:
6 Krabbenchips
Pflanzenöl

So werden die Garnelen-Hähnchen-Buletten gemacht:
Das Hühnchen und die Garnelen durch den Fleischwolf drehen. Zwiebel, eingelegten Pfeffer, Kapern, Sojasauce, Tabasco, Worcestersauce, Ei und Semmelbrösel untermischen, mit Salz abschmecken und einen großzügigen Schuss Cognac dazugeben. Aus dem Fleischteig Buletten formen. In einer Pfanne im erhitzten Öl oder auf der Grillplatte scharf anbraten, bis sich eine dunkle, knusprige Kruste bildet. So bleibt das Fleisch innen saftig und die Buletten erhalten Würze.

So wird die Salsa Criolla gemacht:
Alle Zutaten für die Salsa in eine Schüssel geben, gut vermischen, mit Oregano, Salz und Pfeffer abschmecken und wenn möglich einige Zeit durchziehen lassen.

So richte ich an:
Die Krabbenchips in erhitztem Öl ausbacken, auf Küchenpapier abtropfen lassen und mit den Buletten anrichten. Die Salsa Criolla dazu reichen.

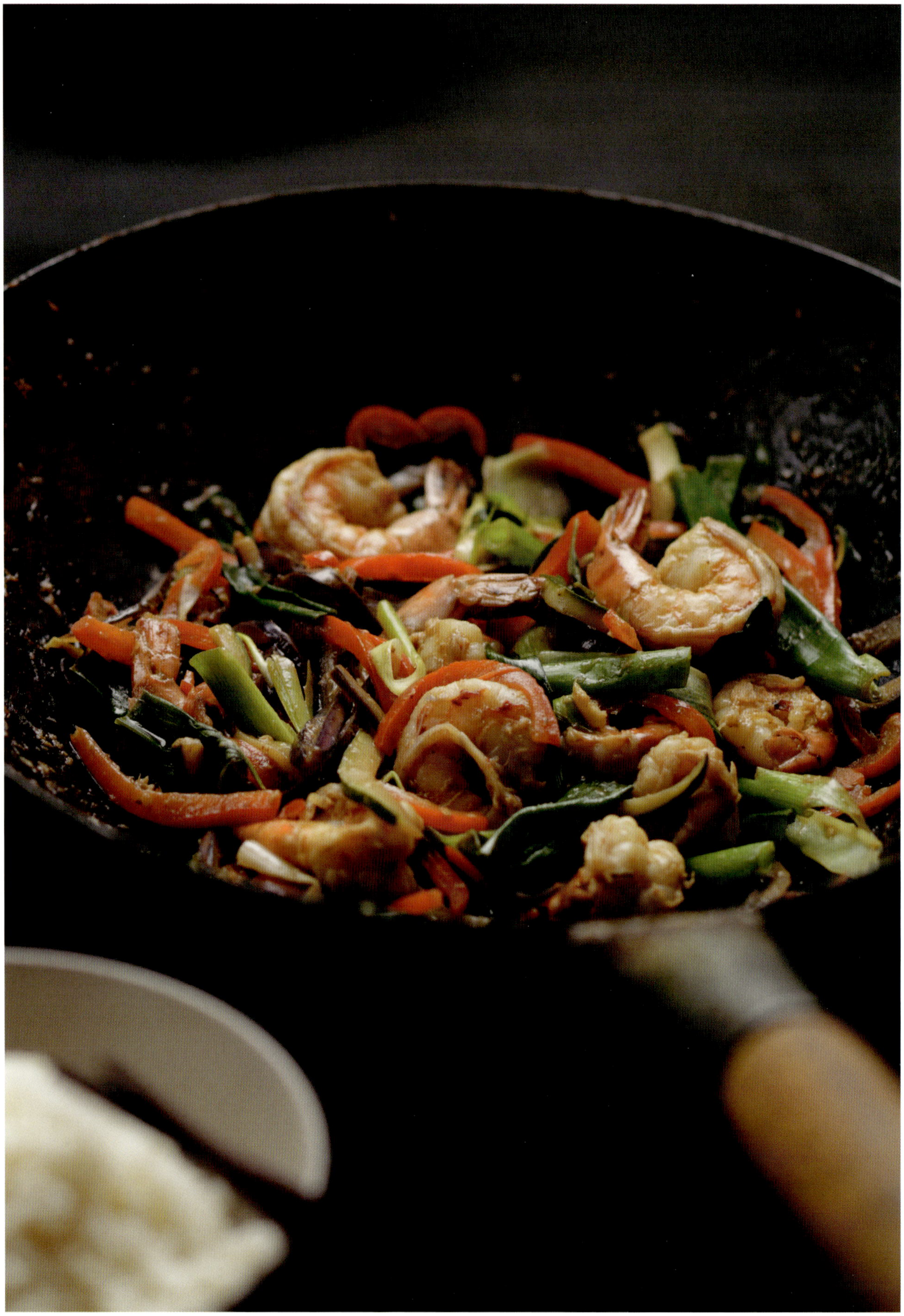

INGWER-GARNELEN AUS DEM WOK

Für 2 Personen
15 Minuten
Handicap: Sehr einfach

1 EL Pflanzenöl
3 TL frisch geraspelter Ingwer
1–2 große rote Chilischoten, entkernt, in Streifen geschnitten
500 g tiefgekühlte Garnelen, geschält, mit Schwanzstück, aufgetaut
1 EL Thai-Fischsauce
1–2 TL brauner Zucker
2 EL Limetten- oder Zitronensaft
Meersalz und schwarzer Pfeffer aus der Mühle
30 g kleine Basilikumblättchen

So wird's gemacht:
Einen Wok bei hoher Temperatur erhitzen, das Öl zugeben und Ingwer sowie Chilistreifen darin unter Rühren 1 Minute anbraten. Die Garnelen dazugeben und 1 Minute unter Rühren garen. Die Fischsauce mit Zucker und Limetten- oder Zitronensaft verrühren und über die Garnelen gießen. Unter Rühren weitere 3 Minuten braten, bis die Garnelen gar sind. Zum Schluss mit Salz und Pfeffer würzen und das Basilikum unterheben.

Tipp:
Mit gedämpftem grünem Gemüse und Reis servieren.

Varianten:

Chili-Koriander-Muscheln:
Die Garnelen durch 500 g gesäuberte Miesmuscheln und das Basilikum durch Koriandergrün ersetzen.

Fisch und Spinat:
Die Garnelen durch 500 g festes weißes Fischfilet (zum Beispiel Zander oder Schellfisch) ersetzen. Mit dem Basilikum zusätzlich 50 g zarte, junge Spinatblätter unterheben.

Chili-Minze-Tintenfische:
Die Garnelen durch 8 halbierte kleine Tintenfischtuben und das Basilikum durch Minze ersetzen.

HINWEIS
DER BEGRIFF SCAMPI

Als Scampi wird in Italien und anderen Mittelmeerländern der in der Adria vorkommende Kaisergranat bezeichnet, der bis zu 15 cm groß werden kann. Der Begriff hat sich vor allem in der Gastronomie durchgesetzt und ist heute international gebräuchlich. Wenn im deutschen Sprachraum „Scampi" angeboten werden, handelt es sich jedoch oft um Garnelen, zu denen der Kaisergranat nicht gehört.

MARINIERTE GARNELEN MIT MANGOPÜREE

Für 2 Personen
30 Minuten
Handicap: Sehr einfach

Marinierte Garnelen:
8 frische Garnelen, mit Kopf
2 EL Minze, in feine Streifen geschnitten
1 Knoblauchzehe, fein gehackt
½ unbehandelte Limette, Saft und abgeriebene Schale
Olivenöl
Meersalz und schwarzer Pfeffer aus der Mühle

Mangopüree:
1 Mango
2 TL Weißweinessig
1 Orange, Saft
1 Limette, Saft
2 Chilischoten, entkernt, fein geschnitten
Meersalz und schwarzer Pfeffer aus der Mühle, Zucker

Zum Anrichten:
½ rote Paprikaschote, entkernt, in feine Streifen geschnitten
½ Bund Rucola, grob geschnitten
50 g Sojasprossen

So werden die marinierten Garnelen gemacht:
Die Garnelen am Rücken der Länge nach einschneiden und seitwärts aufklappen, waschen und auf Küchenpapier trocken tupfen. Minze, Knoblauch, Limettensaft und Olivenöl nach Bedarf zu einer Marinade verrühren, mit Salz und Pfeffer würzen und die Garnelen darin marinieren. Die Garnelen aus der Marinade nehmen und nur von der Rückseite, also auf der Schaleseite, in erhitztem Olivenöl braten.

So wird das Mangopüree gemacht:
Die Mango schälen und das Fruchtfleisch vom Stein schneiden. 2 Esslöffel fein gewürfeltes Fruchtfleisch beiseitestellen. Das restliche Fruchtfleisch grob zerkleinern und mit Essig, Orangen- und Limettensaft sowie Chilischoten im Mixer pürieren. Mit Salz, Pfeffer und Zucker abschmecken.

So richte ich an:
Paprikastreifen, Rucola, Sojasprossen und beiseitegestellte Mangowürfel miteinander vermischen und in Schälchen anrichten. Das Mangopüree darübergeben. Die Garnelen darauflegen oder separat auf einer Platte anrichten.

Tipp:
Die Garnelen bereite ich im Sommer so auch immer auf dem Grill zu – die Kräuter können beliebig variiert werden.

MIKES SPECIAL

WAS MACHE ICH MIT TEIG?

IDEAL-ZUSTAND

NORMAL-ZUSTAND

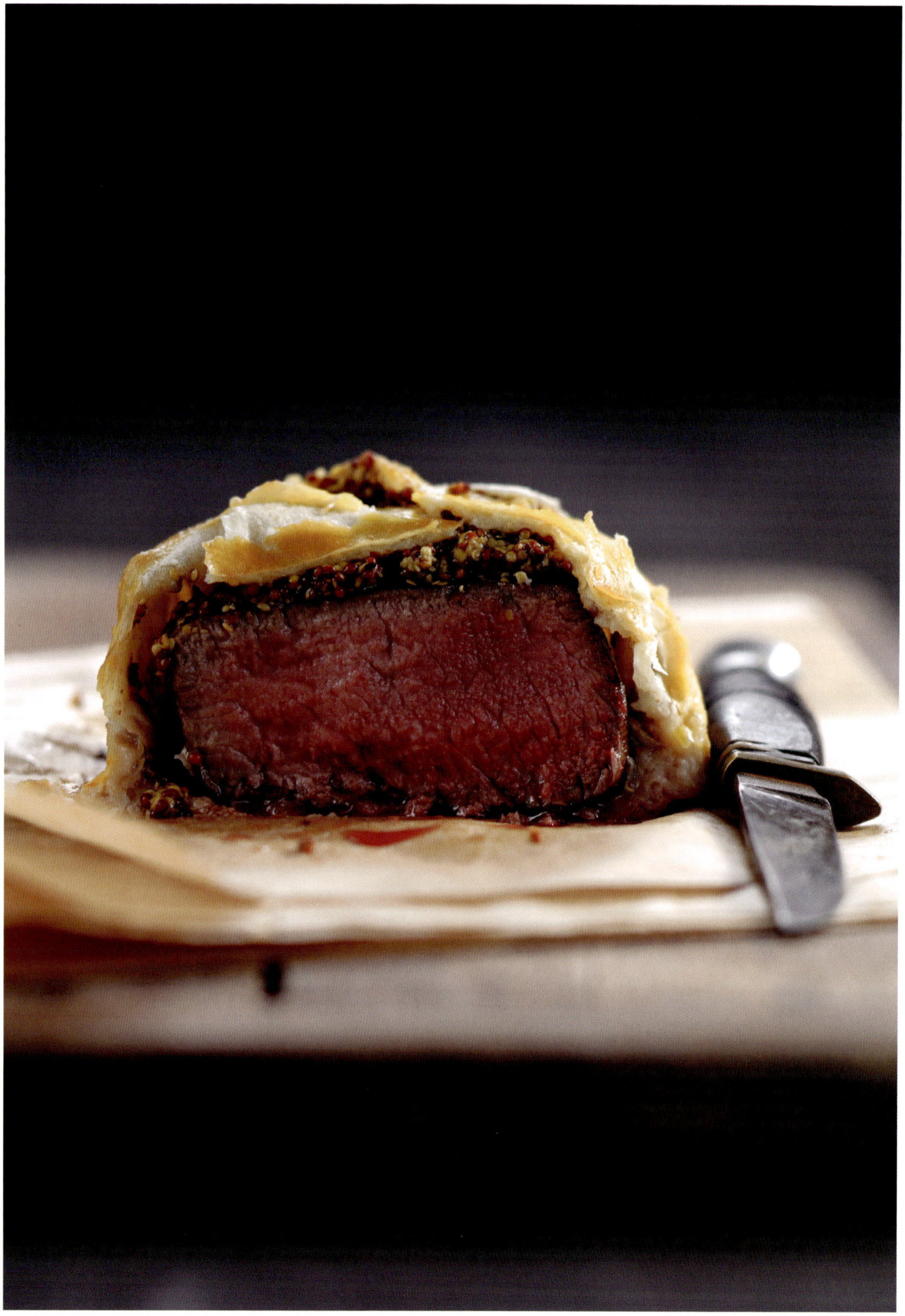

RINDFLEISCHKUCHEN

Für 2 Personen
30 Minuten
Handicap: Einfach

1 TL Olivenöl
2 Rinderfiletsteaks à 125 g
Meersalz und schwarzer Pfeffer aus der Mühle
ca. 400 g Blätterteig
1 EL grobkörniger Senf
1 Ei, verquirlt
Mehl für die Arbeitsfläche

So wird's gemacht:
Den Ofen auf 200 Grad vorheizen. Das Olivenöl in einer Pfanne bei hoher Temperatur erhitzen. Die Steaks darin von jeder Seite etwa 3 Minuten braten, mit Salz und Pfeffer würzen und aus der Pfanne nehmen.
Den Blätterteig auf einer leicht bemehlten Unterlage etwa 4 mm dünn ausrollen. 2 Kreise von je 14 cm Durchmesser als Böden und 2 Kreise von je 18 cm Durchmesser als Deckel ausschneiden. Ein Blech mit Backpapier belegen und die beiden Teigböden darauflegen. Die Steaks darauflegen und mit dem Senf bestreichen. Die Teigränder mit dem verquirlten Ei bestreichen, die Teigdeckel daraufsetzen und am Rand gut festdrücken. Die Teigoberfläche mit dem restlichen Ei bestreichen. Im vorgeheizten Ofen etwa 20 Minuten backen, bis der Teig schön gebräunt und das Fleisch gar ist.

Tipp:
Mit der Kapern-Tomaten-Salsa (siehe Seite 77) servieren.

Varianten:

Hühnerfleisch-Kuchen:
Das Rindfleisch durch 1 großes Hühnerbrustfilet ersetzen, dieses halbieren. Dem Rezept wie oben beschrieben folgen, dabei den Senf durch 2 TL Dijonsenf ersetzen und pro Portion 2 EL geriebenen Cheddar und 2 EL geriebenen Parmesan hinzufügen.

Schweinefleisch-Kuchen:
Das Rindfleisch durch 2 x 125 g Schweinefilet-Medaillons ersetzen. Dem Rezept wie oben beschrieben folgen, dabei den körnigen Senf durch 1 EL Meerrettich aus dem Glas und 1 TL Dijonsenf pro Portion ersetzen.

Lammfleisch-Kuchen:
Die Rindersteaks durch 2 x 125 g Lammrücken ersetzen. Dem Rezept wie oben beschrieben folgen, dabei den körnigen Senf durch 1 EL Feigensenf ersetzen und jeweils 3 Minzeblättchen pro Portion auf das Fleisch legen.

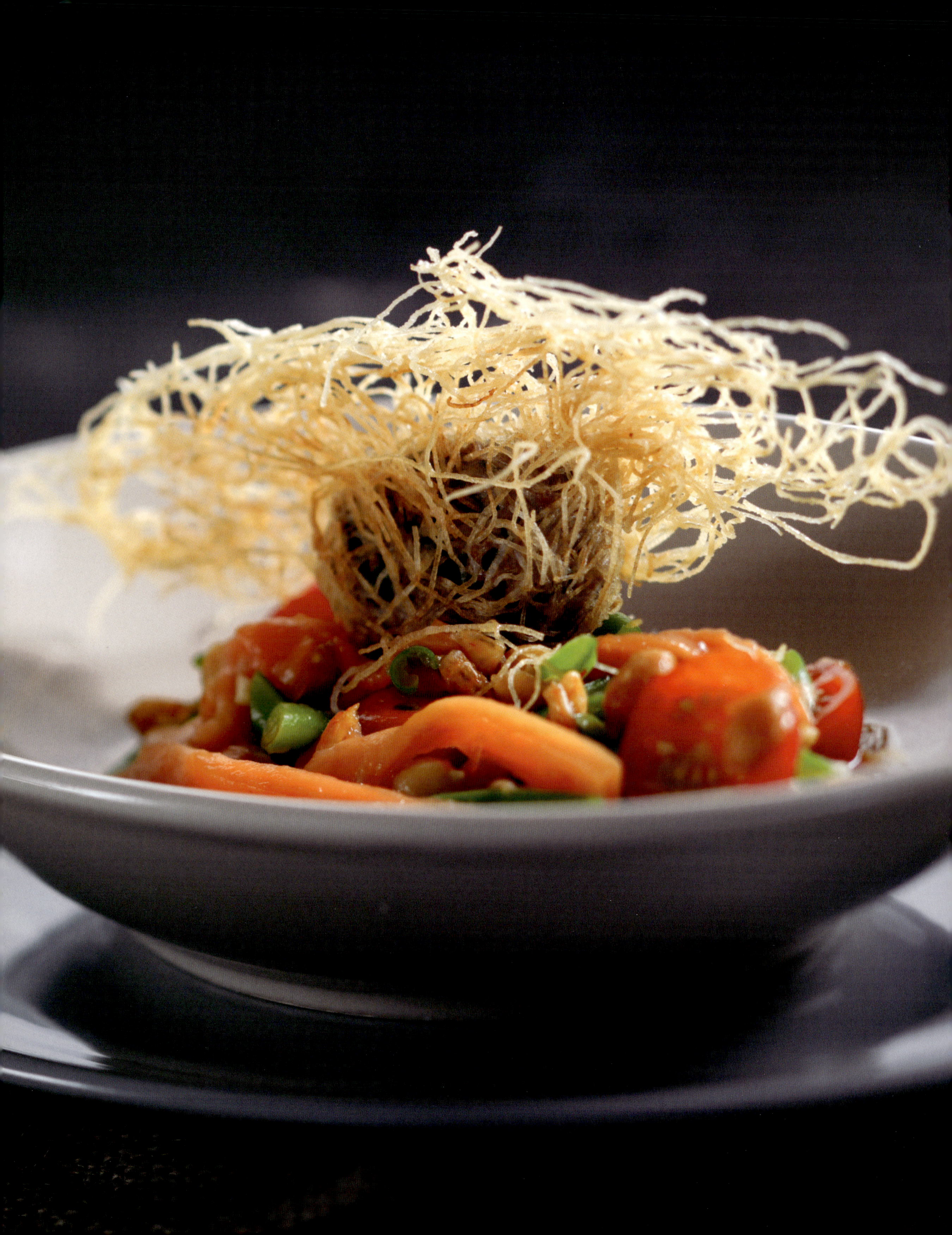

TATAR VOM RIND IN KATAIFITEIG MIT PAPAYASALAT

Für 2 Personen
45 Minuten
Handicap: Einfach

Tatar vom Rind in Kataifiteig:
300 g Rindfleisch (Filet, Hüfte oder Schulter oder noch einfacher: Rinderhackfleisch)
1 Zwiebel, fein gewürfelt
1 Essiggurke, in feine Würfel geschnitten
1 EL Kapern, fein gehackt
1 Eigelb
1 EL Ketchup
1 TL Paprikapulver
1 Msp. Cayennepfeffer
1 EL Petersilie, fein gehackt
1–2 TL Dijonsenf
Meersalz und Pfeffer aus der Mühle

200 g tiefgekühlter Kataifiteig, aufgetaut
1 Eiweiß
Fett für die Form
zerlassene Butter

Papayasalat:
3 Knoblauchzehen, geschält
etwas Chilischote, entkernt, fein gehackt
50 ml Thai-Fischsauce
50 g Palmzucker oder ersatzweise brauner Zucker
50 ml Limettensaft
200 g unreife Papaya, geschält, in feine Streifen geschnitten
60 g grüne Bohnen, geputzt, ersatzweise tiefgekühlte Bohnen
Salz
100 g Cherrytomaten, halbiert
30 g geröstete Erdnüsse
30 g getrocknete Shrimps nach Belieben

So wird das Tatar gemacht:
Das Rindfleisch von Hand sehr fein hacken oder durch den Fleischwolf drehen – alternativ fertiges Rinderhackfleisch verwenden. Die Fleischmasse mit den restlichen Zutaten vermischen und mit den Gewürzen abschmecken.
Die Kataifi-Teigfäden ausbreiten und mit Eiweiß bepinseln. Das Tatar zu Portionen der gewünschten Größe formen und in den Kataifiteig einwickeln. Eine Auflaufform einfetten und die Teigpäckchen in die Form legen. Jedes Teigpäckchen mit 1 Teelöffel geschmolzener Butter beträufeln. Im vorgeheizten Backofen bei 180 Grad einige Minuten backen. Alternativ kann man die Teigkugeln auch frittieren.

So wird der Papaya-Salat gemacht:
Knoblauch, Chili, Fischsauce, Zucker und Limettensaft im Mörser fein zerreiben. Mit den Papayastreifen mischen.
Die Bohnen 3 Minuten in Salzwasser bissfest garen, dann in Eiswasser abschrecken. Tomaten, Erdnüsse und nach Belieben getrocknete Shrimps dazugeben und unterheben.

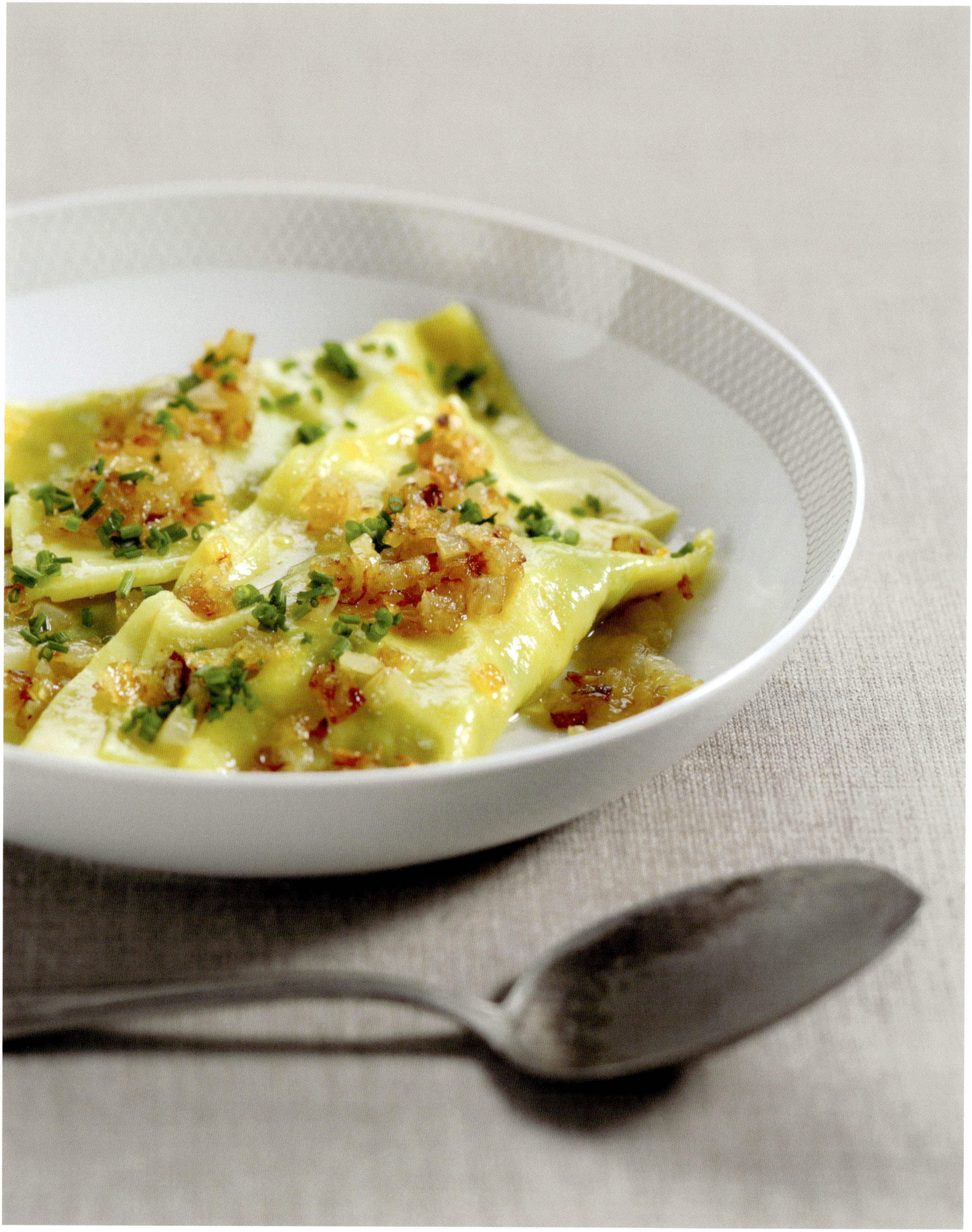

GESCHMALZTE MAULTASCHEN

Für 2 Personen
60 Minuten
Handicap: Leicht

80 g altbackenes Weißbrot, in Scheiben geschnitten
100 ml lauwarme Milch
1 Knoblauchzehe, fein gehackt
100 g Zwiebel, fein gewürfelt
30 g Butter
200 g tiefgekühlter Spinat, aufgetaut, ausgedrückt, fein gehackt
250 g Bratwurstbrät
2 Eier
100 g Petersilie, fein gehackt
Meersalz und schwarzer Pfeffer aus der Mühle
1 Prise frisch geriebene Muskatnuss
1 Tiefkühl-Nudelteig, aufgetaut
Mehl für die Arbeitsfläche

Zum Anrichten:
100 g Butter
150 g Zwiebel, fein gewürfelt
1 EL Schnittlauch, in Röllchen geschnitten

So wird's gemacht:
Das altbackene Brot mit der lauwarmen Milch übergießen. Knoblauch und Zwiebel in der Butter anschwitzen, den Spinat dazugeben und kurz garen, danach abkühlen lassen. Das eingeweichte Brot gut ausdrücken und mit dem Bratwurstbrät, den Eiern und der Petersilie vermengen. Mit Salz, Pfeffer und Muskat kräftig abschmecken. Den ausgekühlten Spinat zur Brätmasse geben.

Den Nudelteig auf bemehlter Arbeitsfläche ausrollen. Mit einem Teigrad Rechtecke ausschneiden. Die Ränder der Rechtecke mit wenig Wasser bepinseln. Jeweils auf eine Hälfte 1 Esslöffel der Füllung setzen. Die Rechtecke zusammenklappen und die Ränder fest andrücken. Die Maultaschen portionsweise in sprudelnd kochendem Salzwasser etwa 5 Minuten garen, dann herausheben, in einer Schüssel mit kaltem Wasser abschrecken und auf ein Sieb geben.

So richte ich an:
40 g Butter in einer Pfanne erhitzen und die Zwiebel darin goldbraun rösten. Die Maultaschen separat in der restlichen Butter erhitzen, sie sollen dabei aber keine Kruste bekommen. Die Maultaschen auf Teller geben, mit den gerösteten Zwiebeln und mit Schnittlauchröllchen bestreuen und servieren.

Tipp:
Dazu passt ein gemischter Blattsalat. Alternativ kann man die Maultaschen auch in Rinderbrühe servieren.

Alternativ kann man die Maultaschen auch in Rinderbrühe servieren.

☞ HINWEIS
MASSIMOS SPEZIAL

Diesen Teig habe ich von Massimo, den ich während meiner Dreharbeiten zu den »Kochprofis« besucht habe. Sein Teig ist der allerbeste und lässt sich auch für Flammkuchen ideal verwenden!

PIZZATEIG: GRUNDTEIG

Für 2 Personen
60–90 Minuten
Handicap: Sehr leicht
Das Rezept ergibt eine größere Menge Pizzateig, der sich aber super einfrieren lässt!

10 g Hefe
10 g Zucker
2 l warmes Wasser
3½–4 kg Mehl
10 g Salz
2 TL Olivenöl
½ Glas Mineralwasser

So wird's gemacht:
Zuerst den Vorteig ansetzen. Dazu die Hefe mit dem Zucker in 60–70 ml lauwarmem Wasser auflösen. Das Mehl mit dem Salz vermengen. Dann das Öl sowie den Vorteig untermischen. Das restliche Wasser sowie das Mineralwasser hinzufügen und alles gut miteinander verkneten. Der Teig muss so lange geknetet werden, bis er geschmeidig wird und sich leicht vom Schüsselrand löst. Ein Geschirrtuch kurz unter lauwarmes Wasser halten und auswringen. Den Pizzateig mit dem Geschirrtuch bedecken und an einem warmen Ort etwa 1 Stunde gehen lassen.
Anschließend den Teig in 4 gleich große Stücke teilen. Jeden Teil nochmals gut durchkneten, bis er eine weiche Konsistenz bekommt. Die 4 Teile auf ein bemehltes Geschirrtuch legen und nochmals etwa 30 Minuten gehen lassen. Hiervon kann man nun die gewünschte Menge einfrieren, indem man sie ganz fest in Klarsichtfolie einwickelt. Zum Auftauen den Teig immer am Vortag herausnehmen und langsam im Kühlschrank auftauen lassen! Den Backofen auf 200 Grad vorheizen. Den Pizzateig zu einer runden Pizza ziehen oder ausrollen und auf ein mit Backpapier belegtes Blech legen. Nach Wunsch mit Tomatensauce, Käse usw. belegen. Die Pizzen im vorgeheizten Ofen etwa 15 Minuten backen.

Pizza Varianten:

Tomate-Mozzarella:
2 Teigfladen
100 ml Tomatensauce (siehe Rezept Seite 13)
120 g Mozzarella, in Scheiben
Salz und Pfeffer aus der Mühle
10 Basilikumblätter, in feine Streifen geschnitten

Die Teigfladen auf Backpapier legen und mit der Tomatensauce bestreichen, den Mozzarella darauf verteilen. Mit Salz und Pfeffer würzen, das Basilikum darüberstreuen und die Teigfladen im vorgeheizten Ofen 5–7 Minuten backen.

Pizza Spezial:
2 Teigfladen
100 ml Tomatensauce
120 g Mozzarella, in Scheiben
80 g Steinpilze, in Scheiben geschnitten
Salz und Pfeffer aus der Mühle
100 g pikante Salami, in Scheiben
1 Handvoll Rucola
Olivenöl

Die Teigfladen auf Backpapier legen und mit der Tomatensauce bestreichen, den Mozzarella und die Steinpilze darauf verteilen und alles mit Salz und Pfeffer würzen. Die Salami daraufgeben und die Teigfladen im vorgeheizten Ofen 5–7 Minuten backen. Nach dem Backen den Rucola auf den Pizzen verteilen und diese mit Olivenöl beträufelt servieren.

Flammkuchen-Variationen
Mit Feigen:
2 Teigfladen
100 g Ziegenfrischkäse
6 Scheiben Parmaschinken
1 rote Zwiebel, in Streifen geschnitten
Salz und Pfeffer aus der Mühle
3 Feigen, geviertelt

Die Teigfladen auf Backpapier legen und mit dem Ziegenfrischkäse bestreichen. Mit Parmaschinken und Zwiebelstreifen belegen, salzen und pfeffern. Mit dem Backpapier auf das heiße Blech ziehen und im vorgeheizten Ofen auf der mittleren Schiene 5–7 Minuten backen. Mit den Feigen belegen und sofort servieren.

Classic:
50 g Crème fraîche
50 g Joghurt natur
50 g Sauerrahm
Salz und Pfeffer aus der Mühle
1 Spritzer Zitronensaft
1 kleine Zwiebel, fein gewürfelt
2 EL gewürfelter Speck
geriebener Emmentaler nach Belieben

Für den Belag Crème fraîche, Joghurt und Sauerrahm verrühren und mit Salz, Pfeffer und Zitronensaft abschmecken. Die Teigfladen mit der Crème-fraîche-Mischung bestreichen und die Zwiebel- und Speckwürfel daraufgeben. Wer möchte, kann noch etwas geriebenen Emmentaler darüberstreuen. Die Teigfladen im vorgeheizten Ofen auf der mittleren Schiene 5–7 Minuten backen.

WAS MACHE ICH MIT HIMBEEREN?

IDEAL-ZUSTAND

NORMAL-ZUSTAND

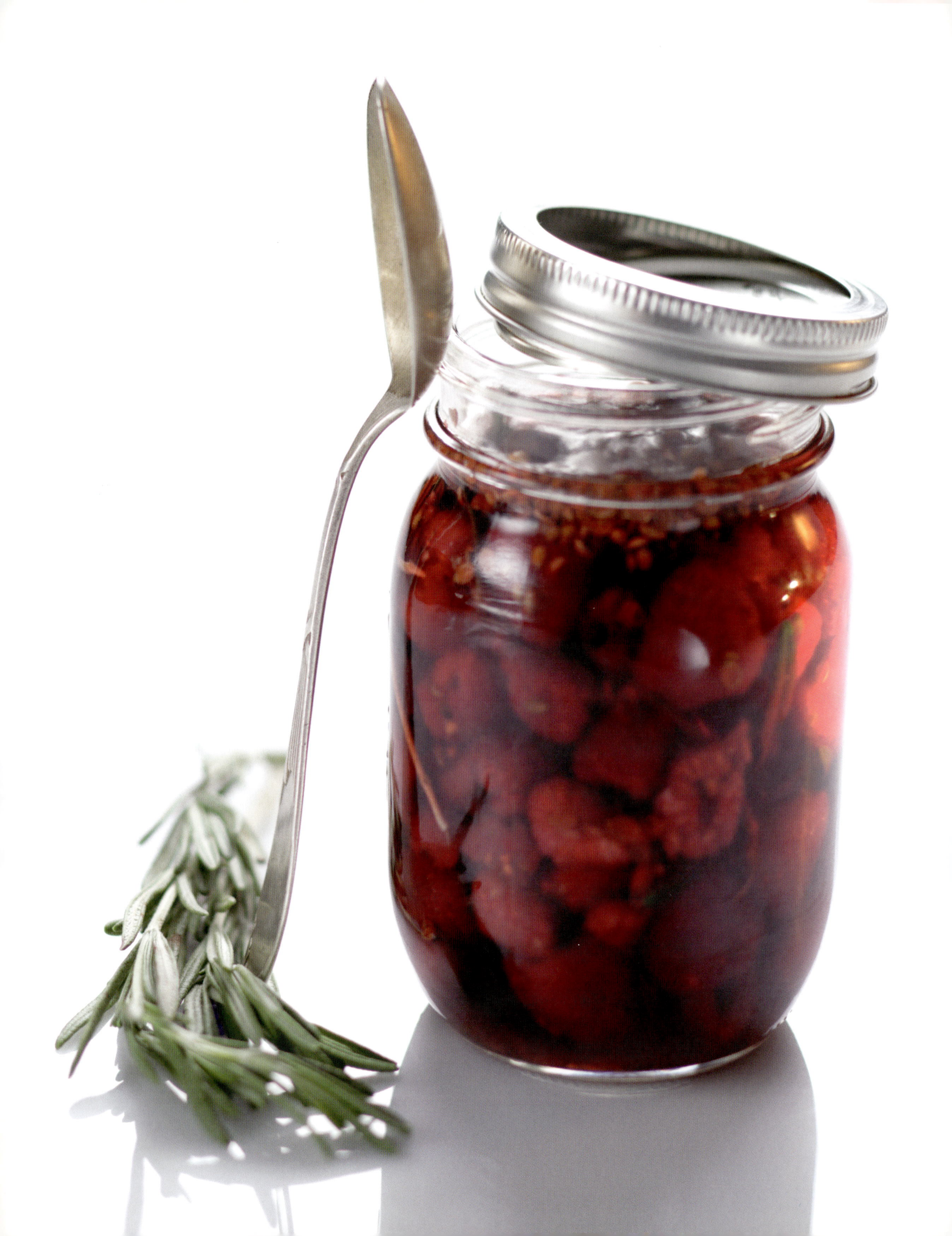

HIMBEER-ROSMARIN-ESSIG

Ergibt ½ Liter
10 Minuten
Handicap: Extrem einfach

300 g tiefgekühlte Himbeeren
3 Rosmarinzweige
500 ml Rotweinessig
2 TL Ahornsirup
½ TL Korianderkörner
½ TL rosa Pfefferkörner

So wird's gemacht:
Ein Schraubglas passender Größe mit kochendem Wasser gründlich ausspülen.
Die Himbeeren und die Rosmarinzweige in das Glas geben. Den Essig mit dem Ahornsirup verrühren. Die Korianderkörner in einer Pfanne ohne Fett leicht rösten, damit sich das Aroma besser entfaltet, zu den Himbeeren geben und mit der Essig-Ahornsirup-Mischung auffüllen. Das Schraubglas gut verschließen und den Essig 4 Wochen an einem dunklen Ort ziehen lassen.
Nach 4 Wochen den Himbeeressig durch ein feines Sieb und einen Trichter in sterile Flaschen mit Bügelverschluss abgießen. Dunkel und kühl gestellt aufbewahren. Der Essig hält sich etwa 3 Monate.

Tipp:
Die Himbeeren können nach dem Umfüllen für einen Salat verwendet werden.

Dressing-Variante:

50 ml Himbeer-Rosmarin-Essig
100 ml Olivenöl
50 ml Walnussöl
30 g Walnusskerne, gehackt
1 Schalotte, fein gewürfelt
Meersalz und schwarzer Pfeffer aus der Mühle

Passt zu:
- Spargel, gegrillt oder gekocht
- Feldsalat mit Speck und Brotcroûtons
- Friséesalat mit Hühnerbrust und Orangenfilets
- Feta-Käse, Oliven und Blattsalaten

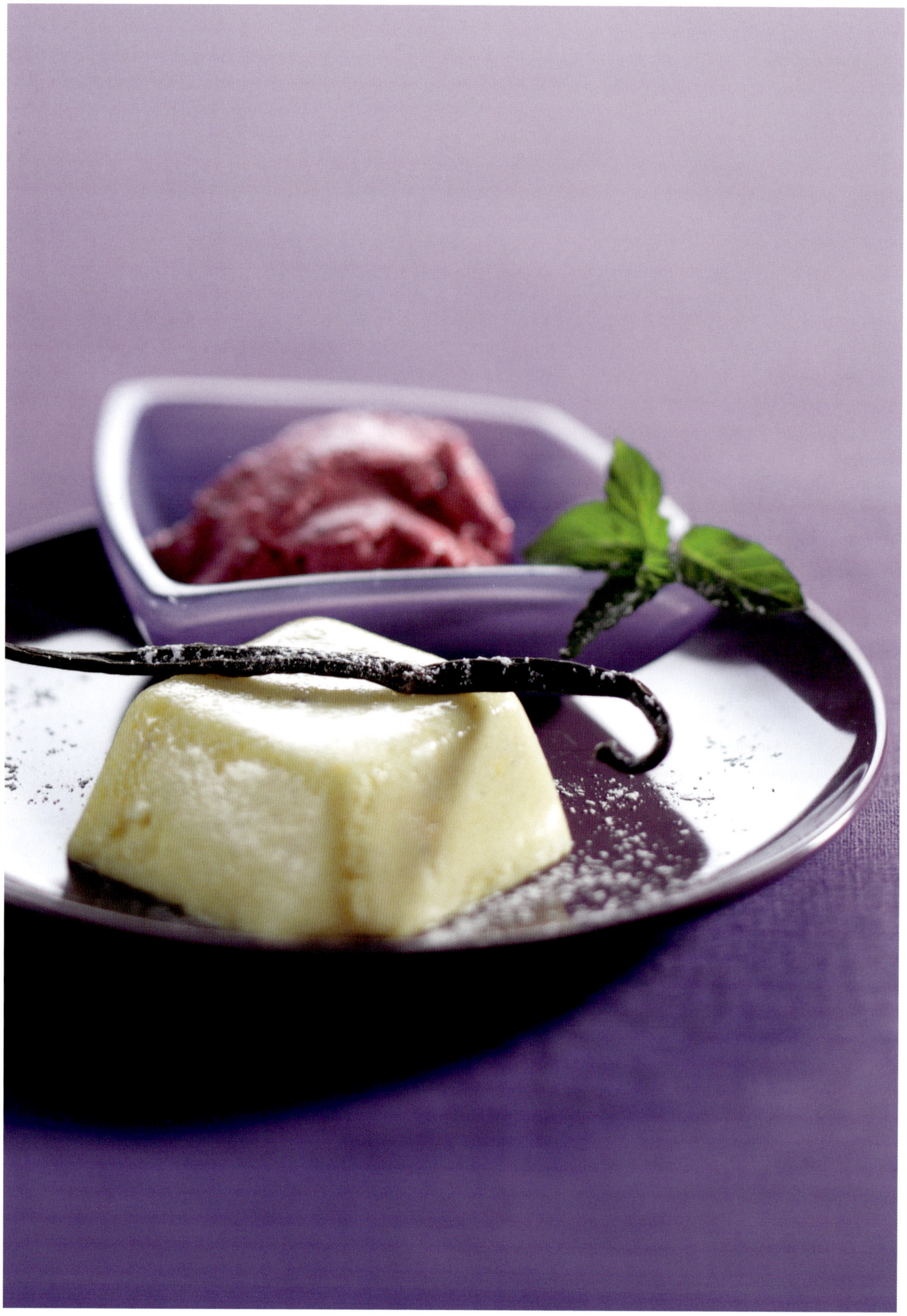

GRIESSFLAMMERI MIT HIMBEER-BLITZEIS

Für 2 Personen
15 Minuten (plus ca. 2 Stunden Kühlzeit)
Handicap: Sehr einfach

Grießflammeri:
250 ml Milch
1 Vanilleschote, Mark ausgekratzt, oder 1 TL Vanillezucker
½ Zimtstange
je ¼ unbehandelte Orange und Zitrone, abgeriebene Schale
30 g Grieß
3 Blatt Gelatine
2 Eigelb
70 g Zucker
180 ml Sahne
Öl für die Form

Himbeer-Blitzeis:
150 g tiefgekühlte Himbeeren, direkt aus dem Eisfach
250 g griechischer Joghurt
etwas Zucker und Zitronensaft

So wird das Grießflammeri gemacht:
Die Milch mit Vanillemark, Zimtstange und dem Abrieb von Orange und Zitrone aufkochen. Einige Minuten sieden lassen, dann die Vanilleschote entfernen. Den Grieß unter ständigem Rühren hineinschütten und bei schwacher Hitze so lange weiterrühren, bis die Masse leicht andickt.
Die Gelatine in kaltem Wasser einweichen, ausdrücken und unter die Grießmasse rühren. Die Eigelbe mit dem Zucker cremig rühren und nach und nach unter die Grießmasse rühren.
Den Grießbrei auf Eiswasser kalt rühren. Zum Schluss die Sahne darunterziehen. Die Grießmasse in eine leicht geölte Form geben, die Oberfläche glatt streichen und im Kühlschrank etwa 2 Stunden fest werden lassen.

So wird das Himbeer-Blitzeis gemacht:
Die tiefgekühlten Himbeeren erst unmittelbar vor dem Servieren mit Joghurt, Zucker und Zitronensaft mixen.

So richte ich an:
Das Grießflammeri auf Teller stürzen und mit dem Blitzeis servieren.

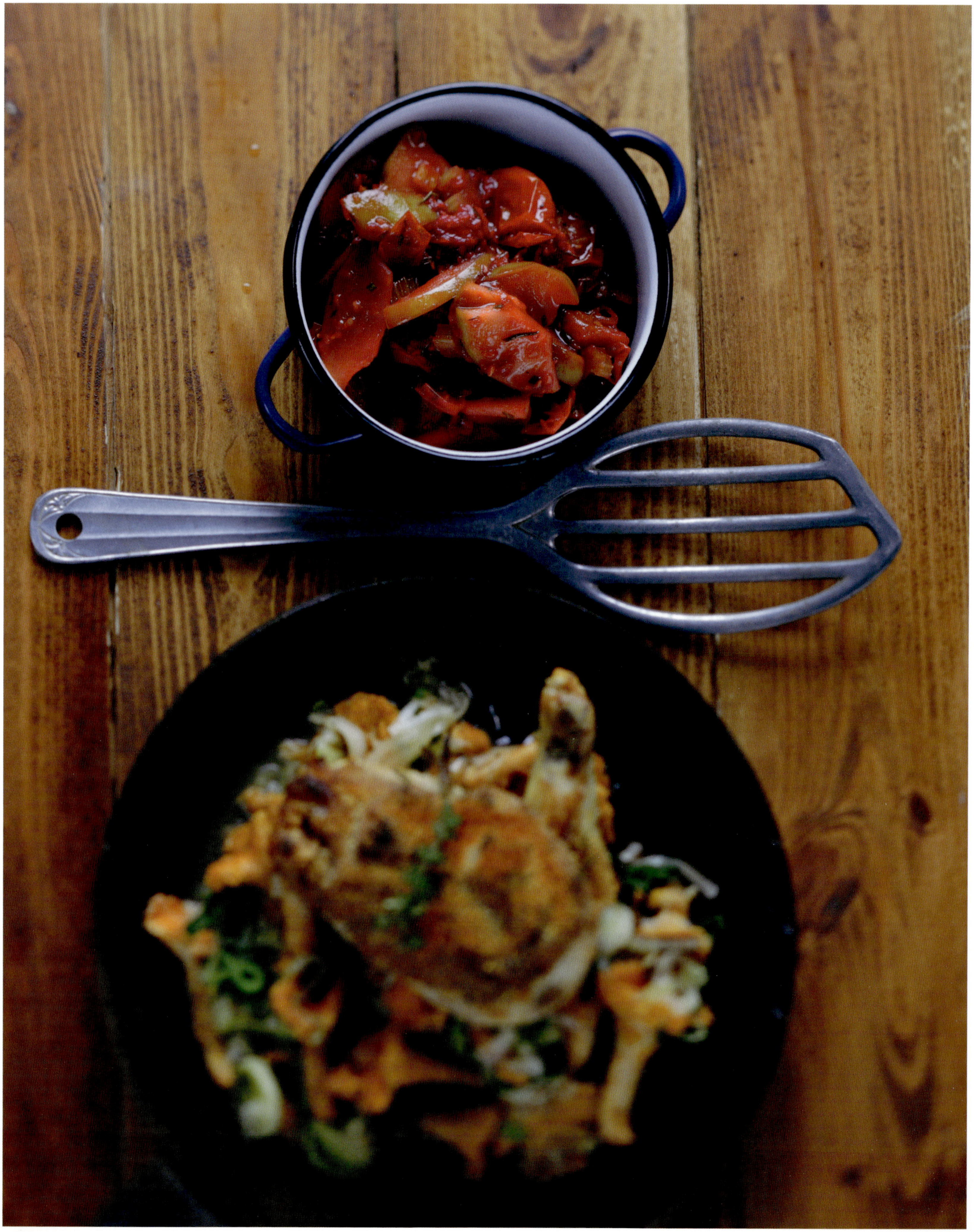

MAISPOULARDENBRUST MIT APFEL-HIMBEER-RELISH UND PFIFFERLINGEN

Für 2 Personen
40 Minuten
Handicap: Einfach

Maispoulardenbrust:
2 Maispoulardenbrüste à ca. 150 g
2 EL Olivenöl
3 Thymianzweige
2 Rosmarinzweige
2 Knoblauchzehen, geschält, leicht gequetscht
50 g weiche Butter
4 EL Rhabarbermarmelade
100 g Semmelbrösel

Apfel-Himbeer-Relish:
5 Gewürznelken
1 EL Senfkörner
3 Pimentkörner
200 g Kirschtomaten, halbiert
100 g Staudensellerie, geschält, in Scheiben geschnitten
1 säuerlicher Apfel, geschält, entkernt, in Scheiben geschnitten
100 g tiefgekühlte Himbeeren
½ rote Chilischote, entkernt, in Ringe geschnitten
2 Knoblauchzehen, in Scheiben geschnitten
2 EL Rosmarinnadeln, grob gehackt
2 EL Zitronenthymianblätter
2 EL Olivenöl
50 g brauner Zucker
Meersalz

Pfifferlinge:
100 g Pfifferlinge, gründlich geputzt
½ Stange Lauch, in Scheiben geschnitten
2 EL Olivenöl
Meersalz und schwarzer Pfeffer aus der Mühle
1 EL kalte Butter

So wird die Maispoulardenbrust gemacht:
Den Backofen auf 150 Grad vorheizen. Die Poulardenbrüste in dem heißen Olivenöl zusammen mit den Kräuterzweigen und dem Knoblauch auf jeder Seite etwa 2 Minuten anbraten. Anschließend die Poulardenbrüste auf ein Backblech legen, mit den Kräutern belegen und im vorgeheizten Backofen weitere 10 Minuten garen. Herausnehmen.
Die Butter mit der Rhabarbermarmelade glatt rühren. Ein Drittel der Semmelbrösel untermischen und die Masse dick auf die Poulardenbrüste streichen. Die restlichen Semmelbrösel daraufstreuen und die Poulardenbrüste unter dem heißen Backofengrill 1–2 Minuten goldbraun gratinieren.

So wird das Apfel-Himbeer-Relish gemacht:
Gewürznelken, Senfkörner und Pimentkörner in ein Kaffee- oder Teefilterpapier füllen und dieses mit Küchengarn zubinden. Die restlichen Zutaten vermischen und alles zusammen mit dem Gewürzbeutel in einem Topf unter Rühren zum Kochen bringen. Bei milder Hitze unter wiederholtem Umrühren sirupartig eindicken lassen, bis es einen schönen Glanz bekommt. Zum Schluss mit Meersalz abschmecken.

So werden die Pfifferlinge gemacht:
Die Pfifferlinge und den Lauch in dem erhitzten Olivenöl anschwitzen, mit Salz und Pfeffer würzen. Kurz vor dem Servieren die kalte Butter einrühren und alles nochmals erhitzen.

So richte ich an:
Die Poulardenbrüste auf dem Relish anrichten und mit den Pfifferlingen garnieren.

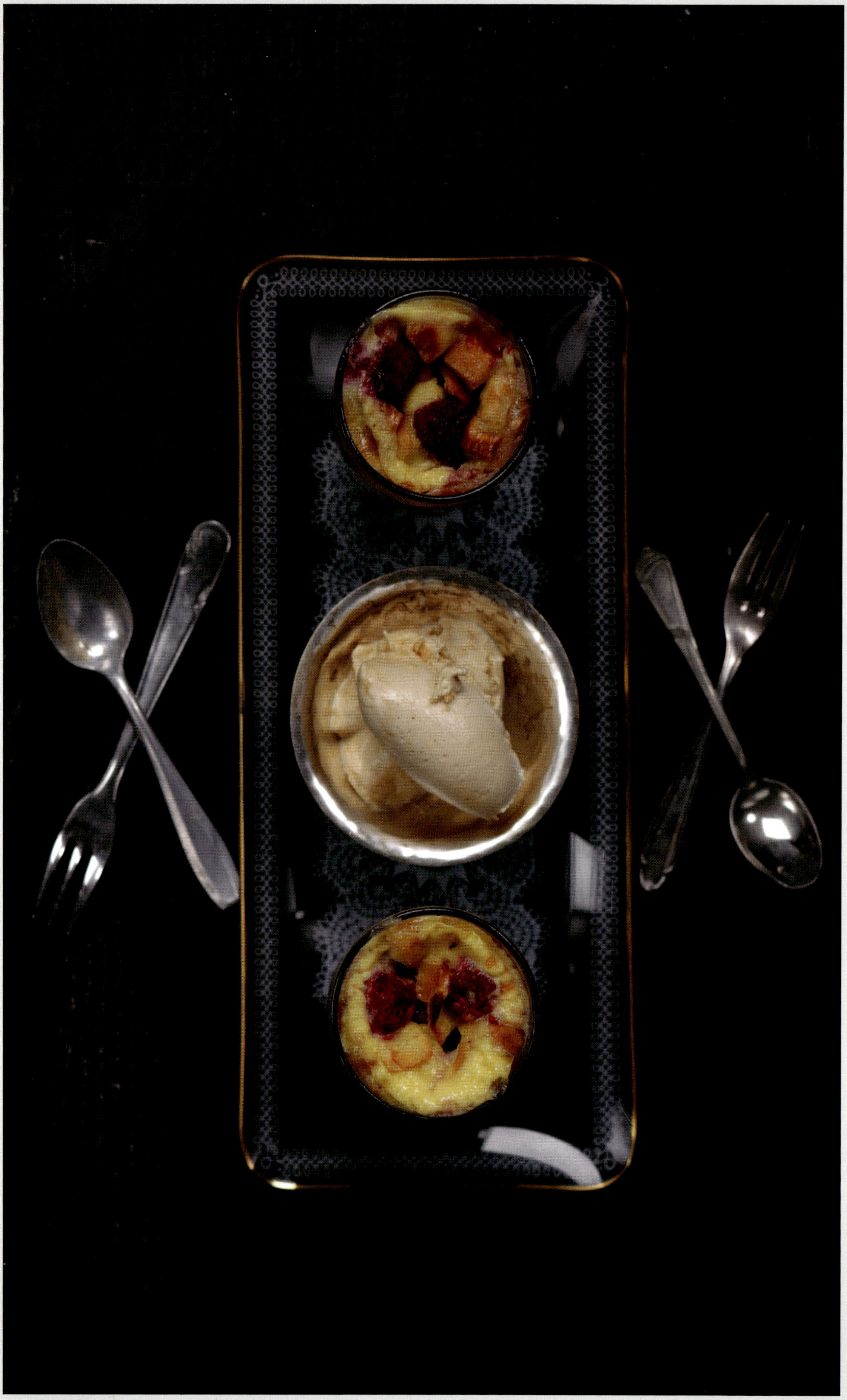

HIMBEER-BROTPUDDING MIT MALZBIERSORBET

Für 2 Personen
45 Minuten
Handicap: Sehr einfach

Malzbiersorbet:
250 ml Malzbier
125 ml Läuterzucker (Zucker und Wasser im Verhältnis
1:1 aufgekocht und abgekühlt)

Himbeer-Brotpudding:
2 Eier, leicht verrührt
125 ml Milch
125 ml Sahne
50 g Puderzucker und 1 TL Vanillemark, ersatzweise Puderzucker
und Vanillemark durch Vanillezucker ersetzen
125 g frische Himbeeren, verlesen
125 g Milchbrot, in Würfel geschnitten
Puderzucker zum Bestäuben

Zum Anrichten:
steif geschlagene Sahne
frische Himbeeren, verlesen
frische Minze

So wird das Malzbiersorbet gemacht:
Für das Sorbet das Malzbier mit dem Läuterzucker vermischen und in der Eismaschine gefrieren.

So wird der Himbeer-Brotpudding gemacht:
Den Backofen auf 180 Grad vorheizen. Die Eier mit Milch, Sahne, Puderzucker und Vanillemark verrühren. Die Himbeeren zusammen mit den Brotwürfeln in 2 extragroße, dicke Cappuccinotassen oder Gläser schichten und mit der Eiercreme aufgießen. Im vorgeheizten Ofen auf der mittleren Schiene 15-20 Minuten goldgelb backen. Lauwarm abkühlen lassen.

So richte ich an:
Den Brotpudding mit etwas Puderzucker bestäuben. Vom Sorbet Nocken abstechen und auf den Pudding setzen. Auf das Sorbet eine kleine Sahnehaube geben und alles mit frischen Himbeeren und Minze dekorieren.

Tipp:
Wer keine Eismaschine hat, kann die Malzbiermasse in ein kleines flaches Gefäß gießen, ins Gefrierfach geben und alle 15 Minuten mit einer Gabel durchrühren – so entstehen schöne Eissplitter.

MIKES SPECIAL

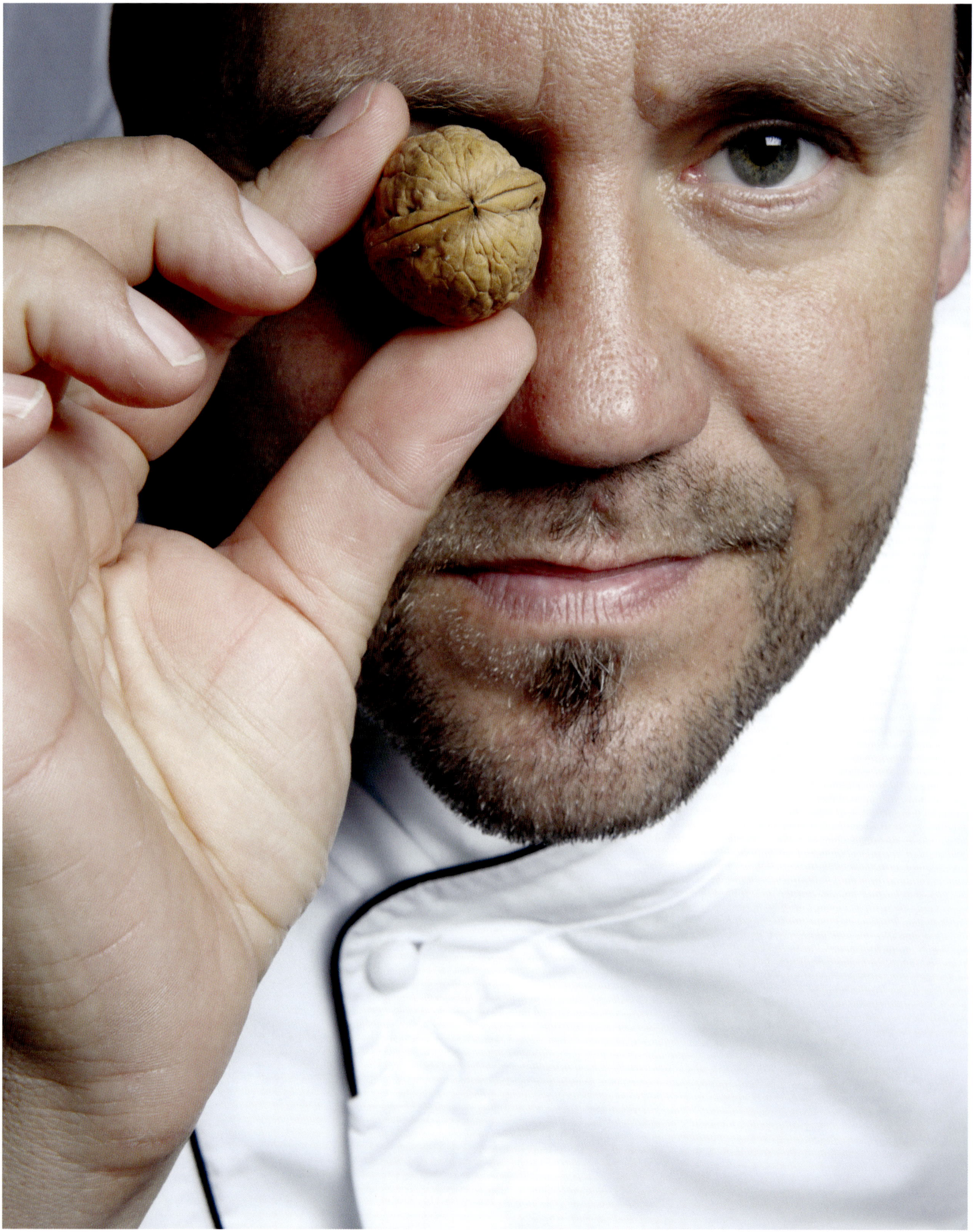

AUS DER SPEISEKAMMER

167 pasta

177 linsen

187 couscous

197 nüsse

207 kekse

WAS MACHE ICH MIT PASTA?

IDEAL-ZUSTAND

NORMAL-ZUSTAND

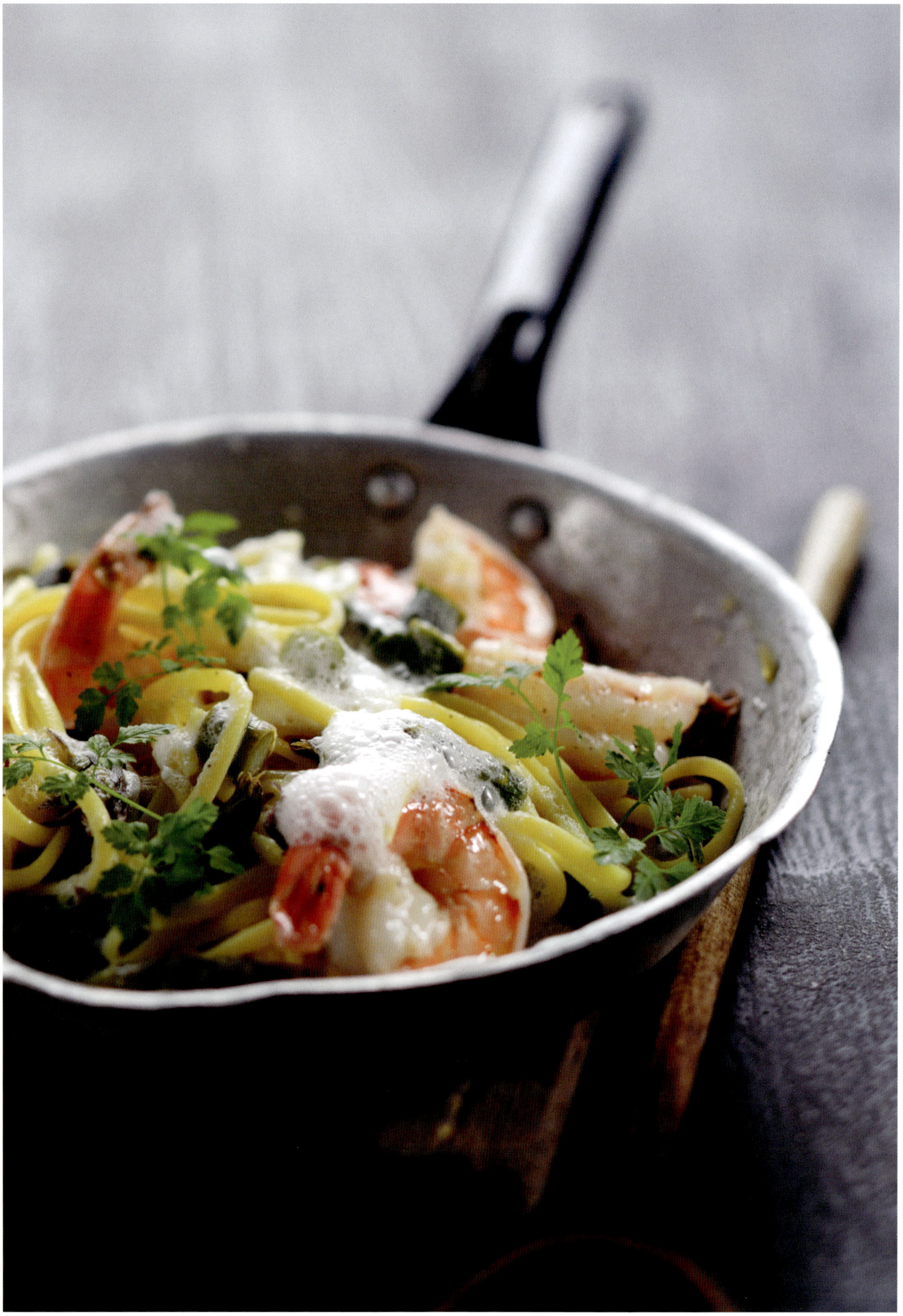

LINGUINE MIT SCAMPI-SPARGEL-RAGOUT

Für 2 Personen
20 Minuten
Handicap: Sehr einfach

Linguine:
200 g Linguine oder andere dünne Pastasorte
Salz
2 EL Olivenöl
70 g Parmesan, fein gerieben

Scampi-Spargel-Ragout:
250 g grüner Spargel
150 ml Hühnerbrühe
Salz und Zucker
100 ml Sahne
Speisestärke nach Belieben
150 g Scampi, geschält, Darmfaden entfernt
50 g kalte Butter, in kleinen Würfeln
Meersalz und schwarzer Pfeffer aus der Mühle
1–2 TL Zitronensaft
1 EL Kerbel, fein gehackt

So werden die Linguine gemacht:
Die Linguine in reichlich gut gesalzenem Wasser bissfest kochen. Abgießen und etwas von dem Kochwasser beiseitestellen. Die Linguine mit einigen Spritzern Olivenöl, dem geriebenen Parmesan und so viel Kochwasser mischen, bis sie eine leicht cremige Konsistenz haben.

So wird das Scampi-Spargel-Ragout gemacht:
Den grünen Spargel im unteren Drittel schälen und die Enden abschneiden. Dann die Stangen in kleine Stücke schneiden. Die Hühnerbrühe mit etwas Salz und Zucker würzen, aufkochen und den Spargel etwa 3 Minuten darin garen. Die Spargelstücke aus dem Sud nehmen und in Eiswasser abkühlen. Die Sahne zu dem Hühnerfond geben und zu einer leichten Sauce einkochen, eventuell mit etwas Stärke binden. Die Scampi und den Spargel zur Sauce geben und 1-2 Minuten gar ziehen lassen. Die kalte Butter unter das Ragout rühren und mit Salz, Pfeffer und Zitronensaft abschmecken. Zum Schluss den Kerbel unterheben.

So richte ich an:
Das Ragout zusammen mit der Pasta anrichten.

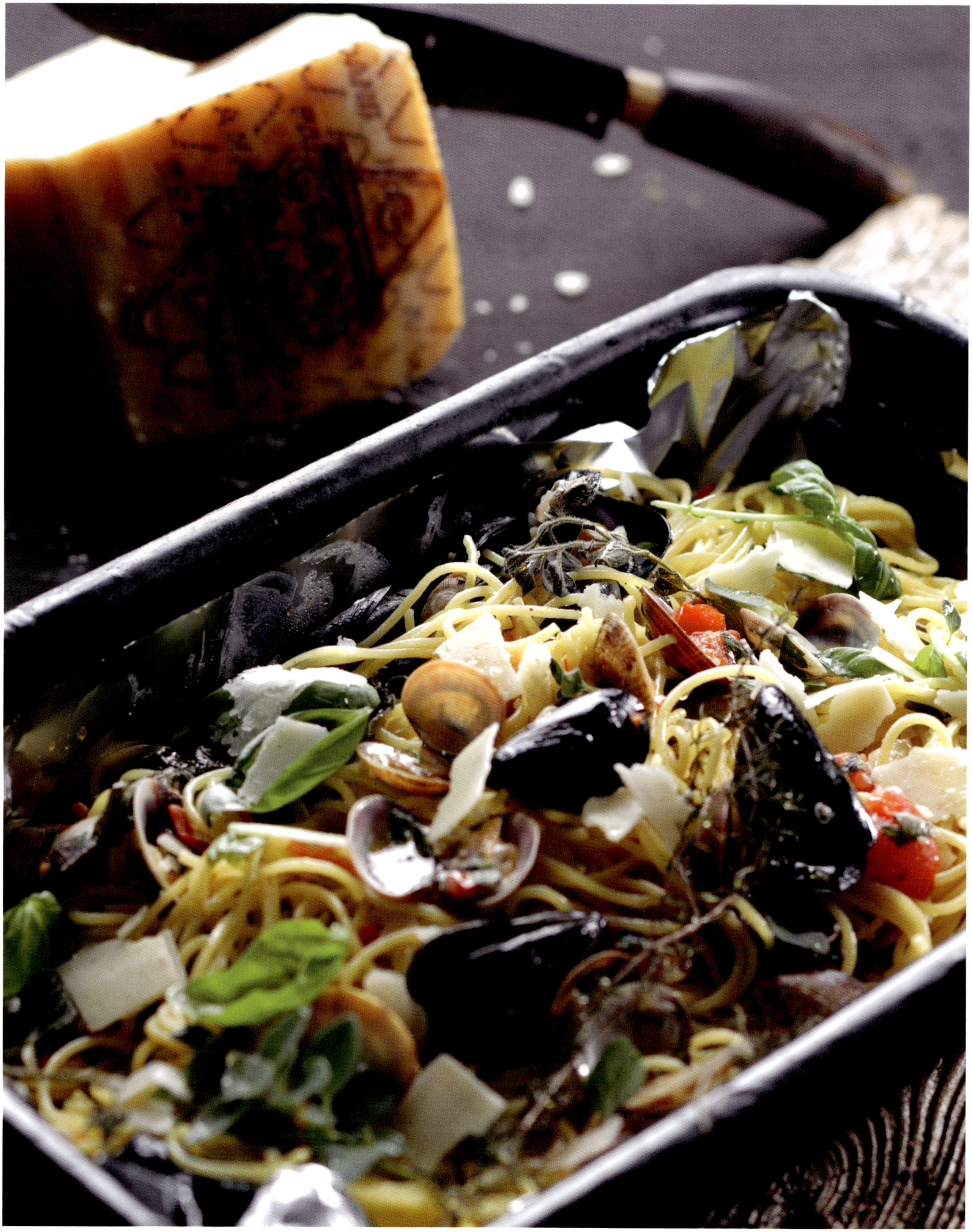

SPAGHETTI-MUSCHEL-PFANNE

Für 2 Personen
20 Minuten
Handicap: Sehr einfach

1 Zwiebel, fein gehackt
2 Knoblauchzehen, fein gehackt
4 EL Olivenöl
2 EL Petersilie, fein gehackt
250 g Tomaten, gewürfelt
2 EL Weißwein
1 EL Pernod
1 Chilischote, entkernt, in Ringe geschnitten
Meersalz und schwarzer Pfeffer aus der Mühle
300 g Muscheln (Miesmuscheln, Venusmuscheln, Schwertmuscheln)

300 g Spaghetti
100 g Parmesan, frisch gehobelt
frische Kräuter nach Belieben (z. B. Basilikum, Oregano, Estragon, Kerbel, Dill)
20 g Butter
½ Zitrone, Saft

So wird's gemacht:
Zwiebel und Knoblauch in dem erhitzten Öl andünsten. Kurz bevor sie Farbe annehmen, Petersilie, Tomatenwürfel, Weißwein, Pernod und Chiliringe zufügen. Salzen und pfeffern und alles 5–8 Minuten leise vor sich hin köcheln lassen. Die Muscheln gründlich waschen, putzen, in die Sauce geben und einige Minuten unter Rühren dünsten. Den Fond nicht mehr kochen lassen. Den Backofen auf 200 Grad vorheizen. Die Spaghetti in reichlich Salzwasser nur halb gar kochen. Abgießen und sofort mit der Sauce vermischen. Eine Auflaufform mit der Hälfte eines doppelt so großen Stücks Alufolie auslegen, die andere Hälfte auf einer Seite überstehen lassen. Die Nudeln mit der Sauce daraufgeben, die Butter in Flocken darauf verteilen und die überstehende Alufolie darüberschlagen. Die Folie rundherum zudrücken, damit kein Dampf entweichen kann. So bleiben die Aromen erhalten und die Zutaten garen im heißen Dampf fertig. Die Form 15 Minuten in den vorgeheizten Back-ofen stellen. Die Spaghetti-Muschel-Pfanne nach Belieben mit gehobeltem Parmesan und mit frischen Kräutern verfeinern, etwas Zitronensaft darüberträufeln und in der Auflaufform servieren.

Tipp:
Die gewünschte Menge Baguettescheiben mit einer aufgeschnittenen Knoblauchzehe einreiben, 1 aufgeschnittene Tomate auf den Scheiben ausdrücken und diese Scheiben im Backofen kross backen. Auch eine Sauce Aïoli passt perfekt dazu.

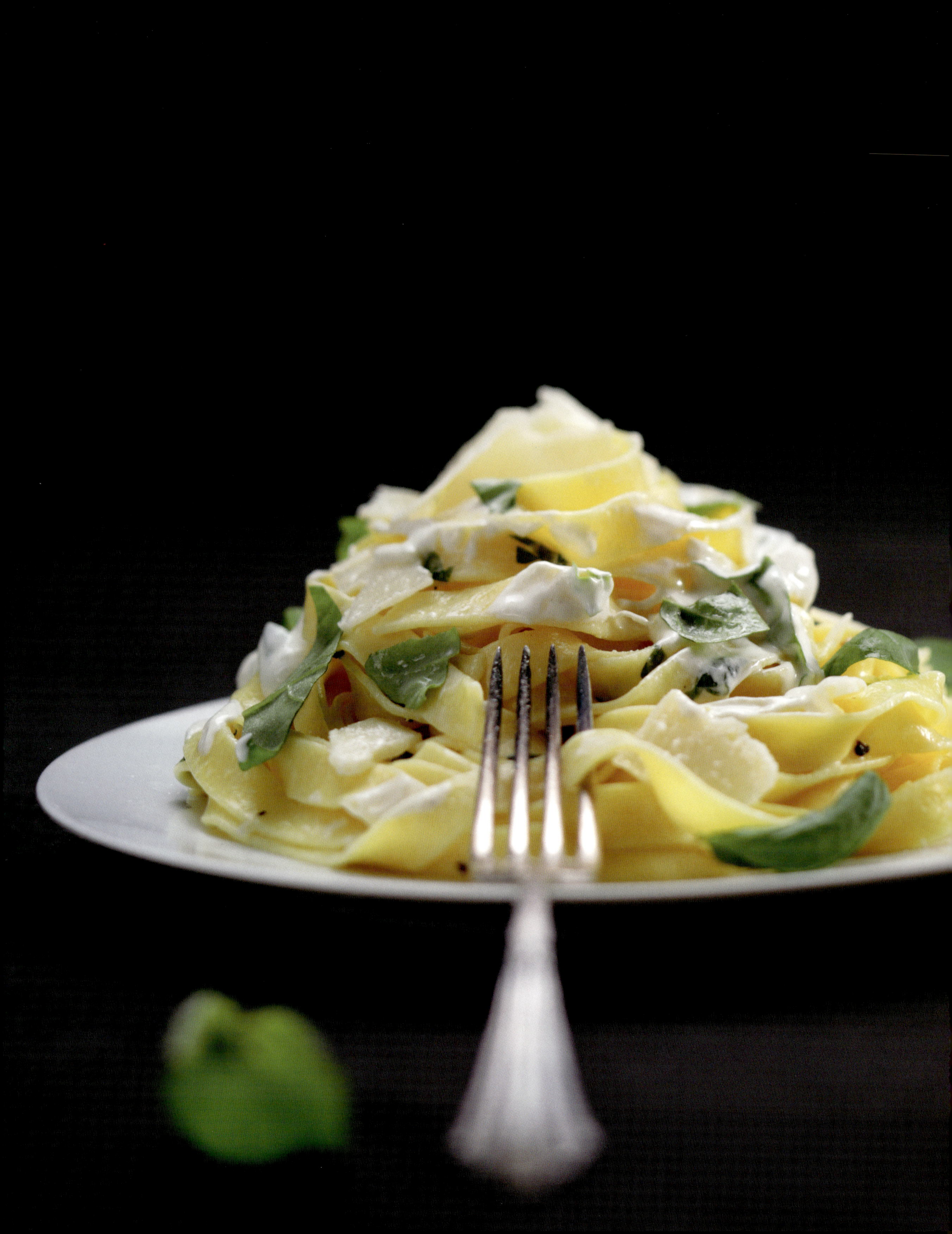

TAGLIATELLE MIT ZITRONEN-BASILIKUM-SAHNE

Für 2 Personen
15 Minuten
Handicap: Extrem einfach

400 g Tagliatelle
Salz
250 ml Sahne
2 TL abgeriebene Schale einer unbehandelten Zitrone
2 EL Zitronensaft
50 g Parmesan, frisch gerieben
25 g Basilikum, grob gehackt
schwarzer Pfeffer aus der Mühle
geriebener Parmesan zum Servieren

So wird's gemacht:
Die Tagliatelle in Salzwasser al dente kochen, abgießen (etwas Kochwasser dabei auffangen) und in eine Schüssel geben. Sahne, Zitronenschale und -saft, Parmesan und Basilikum dazugeben und alles gut vermischen. Mit Pfeffer abschmecken. Auf tiefe Teller oder Schalen verteilen und mit geriebenem Parmesan servieren.

Varianten:

Hühnchen:
Vor dem Servieren 300 g in Streifen geschnittenes und gegartes Hühnerfleisch sowie 70 g geröstete Pinienkerne unter die Pasta mischen.

Spinat und Räucherlachs:
Vor dem Servieren 100 g zarte, junge Spinatblätter und 100 g Räucherlachsstreifen unter die Pasta mischen.

Parmaschinken und Ei:
Die Zitronenschale weglassen. Das Basilikum durch glatte Petersilie ersetzen und 3 Eigelb unter die Nudeln rühren. Mit Parmaschinken garniert servieren.

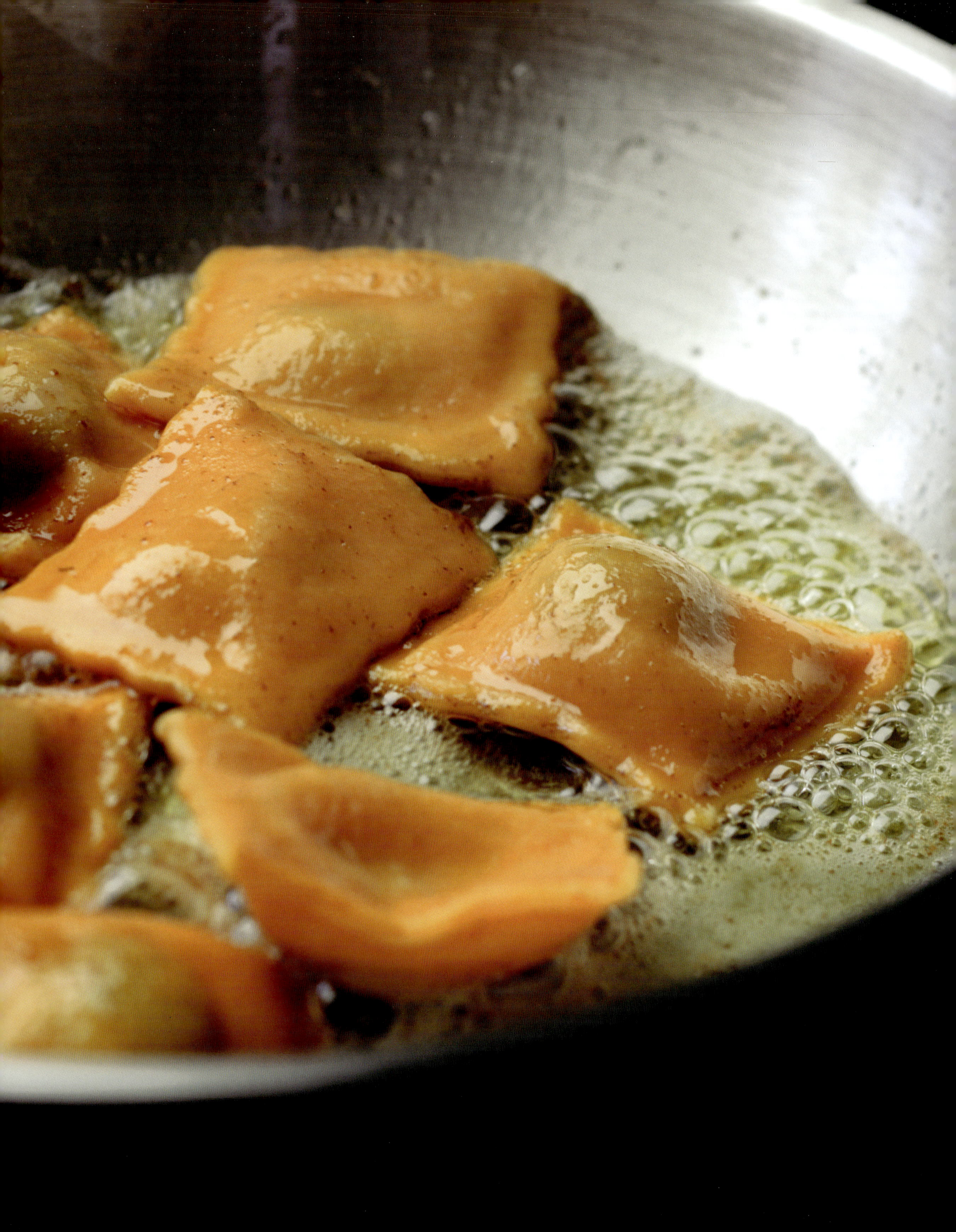

ROTE RICOTTA-TORTELLINI

Für 2 Personen
1 Stunde
Handicap: Einfach

Tortellini-Grundteig:
3 Eier
1 Eigelb
4 EL Tomatenmark
5 EL Olivenöl
Meersalz
500 g Mehl
Mehl für die Arbeitsfläche
Wasser oder 1 Eiweiß zum Bestreichen

Füllung:
2 Schalotten, fein gewürfelt
1 Knoblauchzehe, fein gewürfelt
2 EL Olivenöl
250 g Spinat, geputzt
125 g Ricotta
125 g Mozzarella
2 EL geriebener Parmesan
1 Bund Blattpetersilie, klein geschnitten
2 Eier
30 g Semmelbrösel
Salz und Pfeffer aus der Mühle, Cayennepfeffer
Trüffelöl nach Belieben

So wird der Tortelliniteig gemacht:
Eier, Eigelb, Tomatenmark, Olivenöl und Salz in eine Schüssel geben und mit dem Schneebesen gut verrühren. Nach und nach das Mehl dazusieben und mit den Händen alles so lange kneten, bis sich der Teig vom Schüsselrand und von den Händen löst und schön glatt ist. Den Teig zu einer Kugel formen, in Klarsichtfolie einschlagen und 30 Minuten kühl stellen.

So wird die Füllung gemacht:
Die Schalotten- und Knoblauchwürfel in dem erhitzten Olivenöl anschwitzen, ohne Farbe annehmen zu lassen. Den Spinat dazugeben und 30 Sekunden zugedeckt zusammenfallen lassen. Den Spinat in der Küchenmaschine mit der Intervall-Funktion zerkleinern. Ricotta, Mozzarella, Parmesan, Petersilie, Eier und Semmelbrösel zufügen und kurz in der Küchenmaschine vermischen. Mit Salz, Pfeffer und Cayennepfeffer kräftig abschmecken. Nach Belieben mit wenigen Tropfen Trüffelöl veredeln.

So werden die Tortellini gefüllt:
Den Nudelteig auf bemehlter Arbeitsfläche dünn ausrollen und mit dem Teigrad in Quadrate von 5 cm Kantenlänge schneiden. Die Ränder mit etwas Wasser oder verquirltem Eiweiß bestreichen. Auf jedes Quadrat 1 Teelöffel der Füllung setzen, die Quadrate zu einem Dreieck zusammenklappen und die Ränder andrücken. Die Dreiecke mit den spitzen Enden um den Zeigefinger legen und die Enden fest zusammendrücken. Die dritte Ecke nach hinten umklappen. Die Tortellini in Salzwasser 3 Minuten kochen und abgießen.

So richte ich an:
Die Tortellini eignen sich hervorragend als Einlage in einer Tomatenbrühe oder einer klaren Brühe.

Tipp:
Anstelle des Tomatenmarks Wasser nehmen – dann hat man einen normalen Nudelteig.

Varianten:

Waldpilzfüllung:
100 g Waldpilze, geputzt, klein geschnitten
1 kleine Zwiebel, fein gewürfelt
50 g Parmesan, frisch gerieben
Meersalz und schwarzer Pfeffer aus der Mühle
½ TL Rosmarin, fein gehackt

Die Pilze mit den Zwiebelwürfeln kurz andünsten, mit dem Parmesan vermengen und mit den Gewürzen und dem Rosmarin abschmecken. Auskühlen lassen.

Zuckererbsenfüllung:
100 g tiefgekühlte Erbsen
1 kleine Zwiebel, fein gewürfelt
2 cl Portwein
50 ml Sahne
3 Minzeblättchen
20 g Butter
Meersalz und schwarzer Pfeffer aus der Mühle, frisch geriebene Muskatnuss

Die Erbsen mit den Zwiebelwürfeln kurz andünsten, dann mit Portwein und Sahne dick-cremig einkochen. Mit Minze, Butter und Gewürzen mixen. Auskühlen lassen.

MIKES SPECIAL

WAS MACHE ICH MIT LINSEN?

IDEAL-ZUSTAND

»

NORMAL-ZUSTAND

+

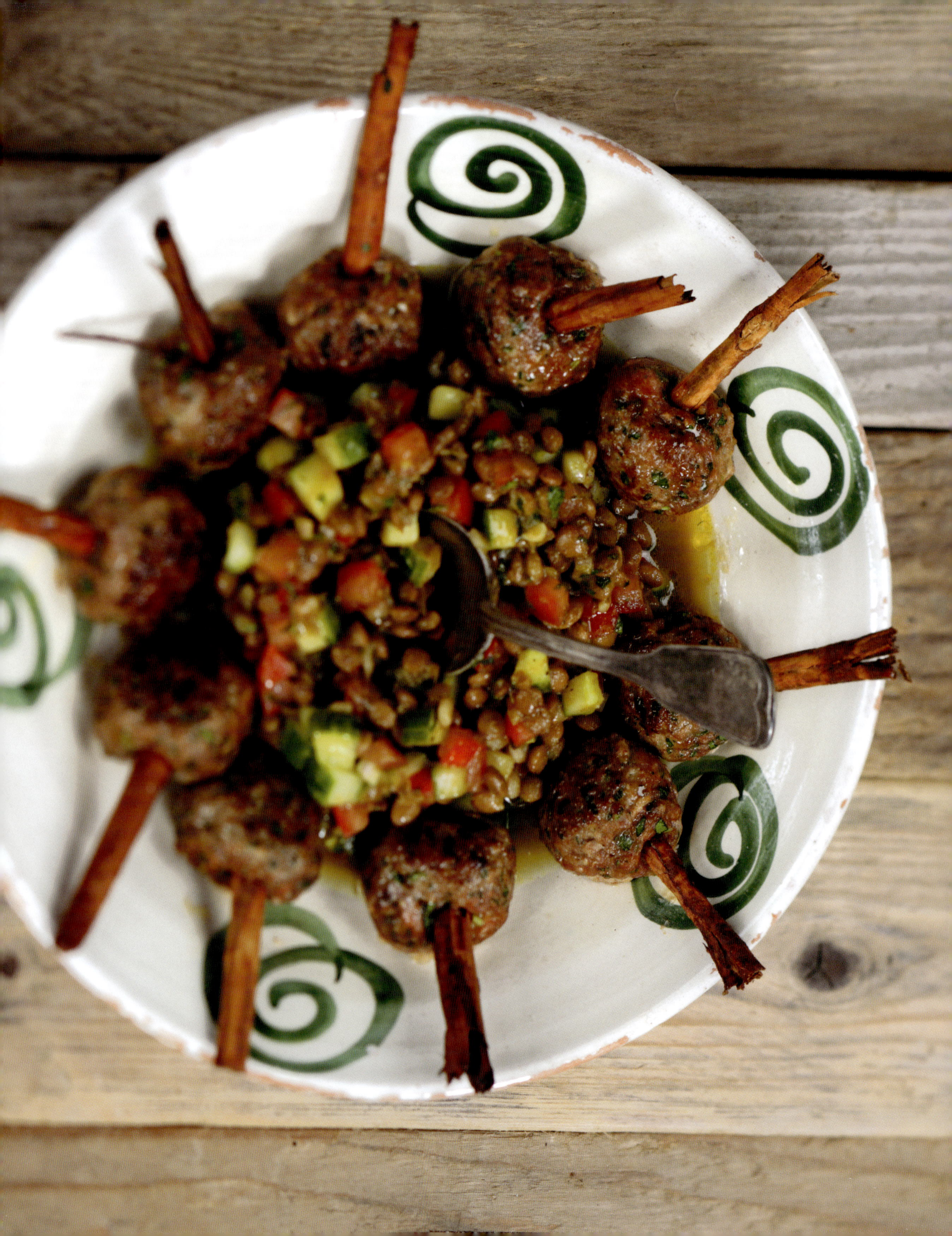

ARABISCHER LINSENSALAT MIT KÖFTE

Für 2 Personen
45 Minuten
Handicap: Sehr einfach

Arabischer Linsensalat:
1 Dose Linsen, abgetropft
300 g Tomaten, entkernt, gewürfelt
½ Salatgurke, entkernt, gewürfelt
1 Schalotte, fein gewürfelt
2 Knoblauchzehen, fein gewürfelt
4 EL Zitronensaft
4 EL weißer Balsamicoessig
1 EL Honig
50 ml Olivenöl
1 Msp. gemahlener Kreuzkümmel
½ TL Currypulver
Meersalz und schwarzer Pfeffer aus der Mühle
6 Minzeblätter
10 Korianderblätter

Köfte:
300 g Rinderhackfleisch
1 Ei
50 g frischer Koriander und frische Petersilie
1 Zwiebel, fein gerieben
Meersalz und schwarzer Pfeffer aus der Mühle
2 TL gemahlener Kreuzkümmel
1 TL Chilipulver
2 TL gemahlener Koriander
2 TL edelsüßes Paprikapulver
½ TL gemahlene Kurkuma
½ TL gemahlener Zimt
Pflanzenöl zum Braten

So wird der Arabische Linsensalat gemacht:
Die Linsen, die Tomaten- und die Gurkenwürfel mit Schalotte und Knoblauch in eine Schüssel geben und gut mischen. Aus Zitronensaft, Essig, Honig und Öl ein Dressing rühren und mit den Gewürzen und den Kräutern abschmecken. Das Dressing über den Salat geben und gut durchziehen lassen.

So werden die Köfte gemacht:
Für die Köfte das Hackfleisch mit dem Ei, den frischen Kräutern und der Zwiebel in einer großen Schüssel mit den Händen gut vermischen und mit den Gewürzen abschmecken. Aus dem Fleischteig Röllchen formen und diese in einer Pfanne in dem erhitzten Öl braten.

Tipp:
Das Gericht ist super für eine Sommer-Gartenparty – in diesem Fall die Köfte aufspießen und dann grillen!

Das Gericht ist super für eine Sommer-Gartenparty.

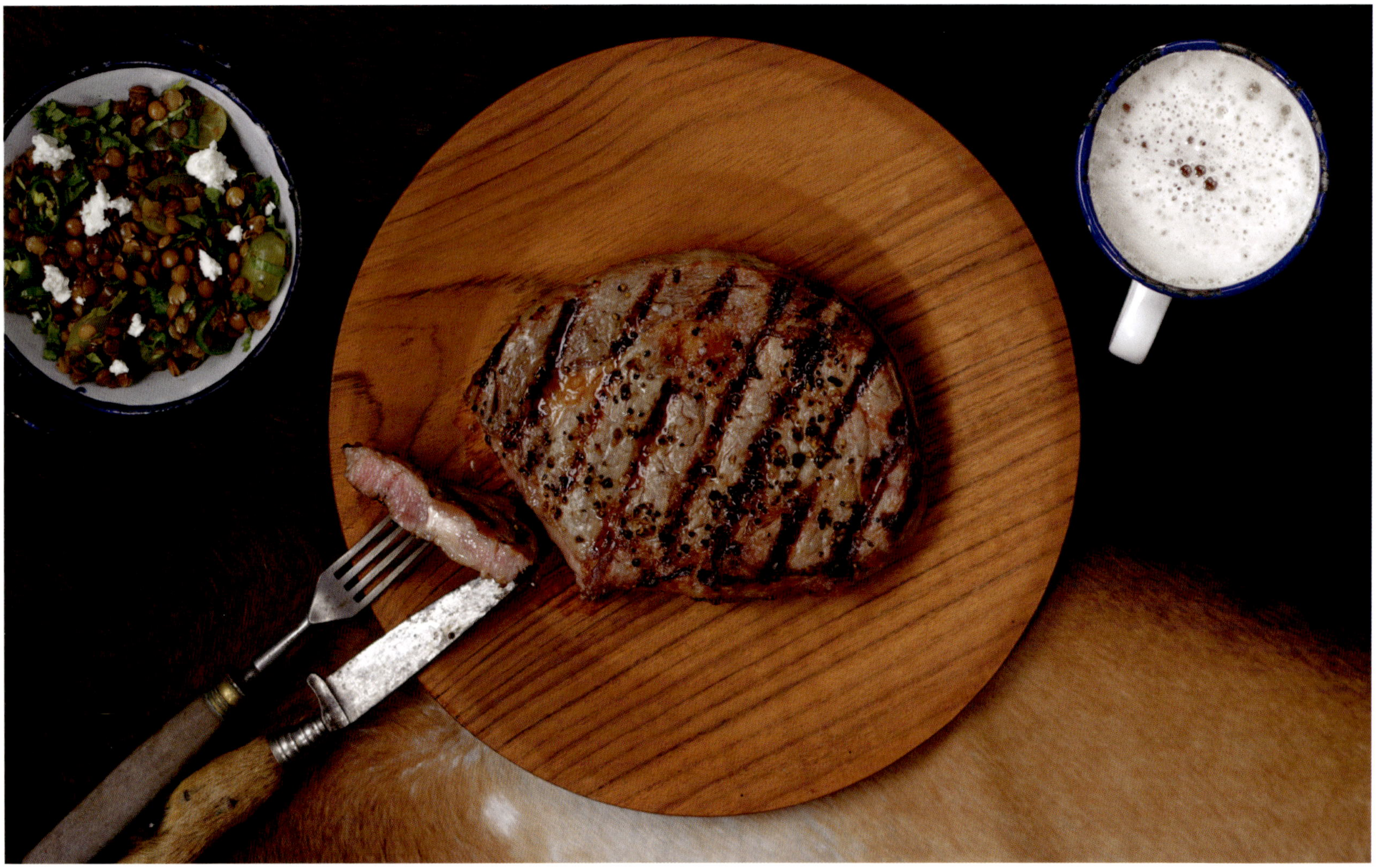

RIB-EYE-STEAKS VOM GRILL MIT LINSEN-TRAUBEN-SALAT

Für 2 Personen
45 Minuten
Handicap: Einfach

Rib-Eye-Steaks:
2 Rib-Eye-Steaks
1 Prise Meersalz
1 Prise Zucker
Olivenöl
1 Knoblauchknolle, halbiert
4 Thymianzweige
Pfeffer aus der Mühle

Linsen-Trauben-Salat:
200 g Linsen
2 Knoblauchzehen, in der Schale leicht gequetscht
3 Thymianzweige
Meersalz
1 grüne Chilischote, entkernt, in Ringe geschnitten
½ unbehandelte Zitrone, Saft und abgeriebene Schale
½ Bund Koriander, gehackt
100 g kernlose Trauben, halbiert
100 g Feta-Käse, zerbröckelt
3 EL Olivenöl
schwarzer Pfeffer aus der Mühle

So werden die Rib-Eye-Steaks gemacht:
Den Backofen auf 200 Grad Umluft vorheizen. Die Rib-Eye-Steaks mit Salz und Zucker würzen und einige Minuten ruhen lassen. 3 EL Olivenöl in einer Pfanne erhitzen und darin die halbierte Knoblauchknolle auf der Schnittseite anbraten. Den Knoblauch zusammen mit dem Thymian auf ein kleines Stück Alufolie geben, mit etwas Olivenöl beträufeln und mit wenig Salz und Pfeffer würzen. Die Alufolie zu einem Päckchen zusammenschlagen und das Päckchen im vorgeheizten Ofen 30 Minuten garen. 8–10 Minuten vor Ablauf der Garzeit die Rib-Eye-Steaks mit Öl bepinseln und scharf von allen Seiten auf dem Grill oder alternativ in der Grillpfanne braten.

So wird der Linsen-Trauben-Salat gemacht:
Die Linsen mit kaltem Wasser bedecken, die Knoblauchzehen und die Thymianzweige zugeben und alles etwa 30 Minuten kochen; erst kurz vor Schluss mit etwas Meersalz würzen. Die Linsen abgießen und abtropfen lassen, Knoblauch und Thymianzweige entfernen. Die Linsen in eine Schüssel geben, die restlichen Zutaten zugeben und abschmecken.

So richte ich an:
Den Linsen-Trauben-Salat auf Teller geben, die Steaks darauf anrichten und die gegarten Knoblauchhälften dazulegen.

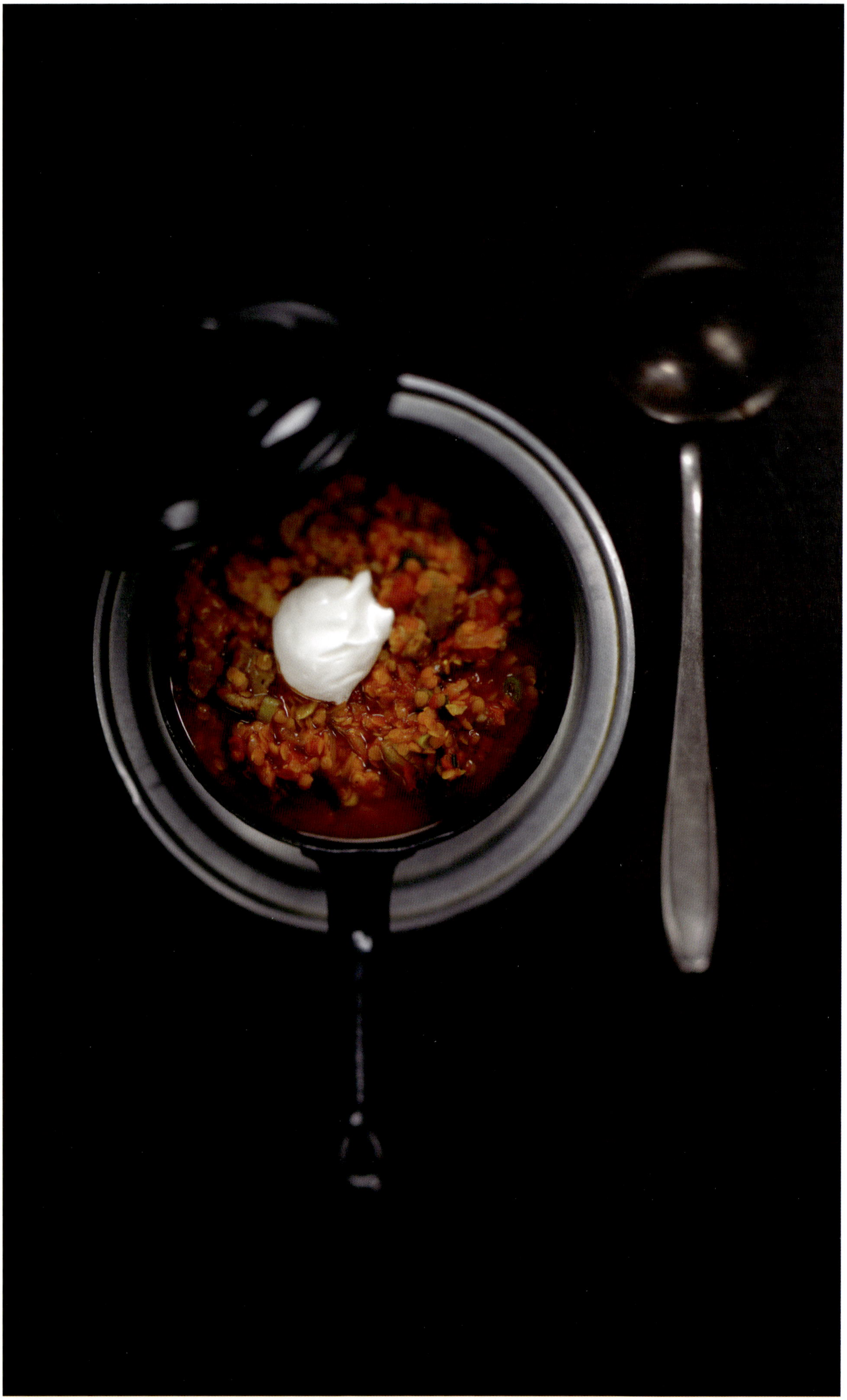

SCHWEINE-LINSEN-CURRY

Für 2 Personen
30 Minuten
Handicap: Extrem einfach

2 Steaks vom Schweinenacken
2 EL Olivenöl
Meersalz
2 Zwiebeln, in Streifen geschnitten
2 Knoblauchzehen, fein gehackt
30 g frischer Ingwer, geschält, gerieben
1 rote Chilischote, entkernt, fein gehackt
100 g rote Linsen
2 TL Currypulver
1 Dose geschälte Tomaten, grob zerkleinert
250 ml Gemüsebrühe
schwarzer Pfeffer aus der Mühle
1 Limette, Saft
2 Frühlingszwiebeln, weißer und hellgrüner Teil,
in 3 cm lange Stücke geschnitten
150 g griechischer Joghurt

So wird's gemacht:
Das Fleisch in 3 cm große Würfel schneiden. Das Olivenöl erhitzen und das Fleisch darin rundherum 3 Minuten anbraten, salzen und herausnehmen. Nun Zwiebeln, Knoblauch, Ingwer und Chili in derselben Pfanne bei mittlerer Hitze 3 Minuten dünsten. Linsen und Currypulver zugeben und unter Rühren 2 Minuten mitdünsten. Die Tomaten samt Saft und die Gemüsebrühe zu den Linsen geben, aufkochen und zugedeckt 15 Minuten kochen lassen. Das Fleisch dazugeben, mischen und weitere 3 Minuten mitkochen.
Das Curry mit Salz und Pfeffer würzen und mit einigen Spritzern Limettensaft abschmecken. Das Curry mit den Frühlingszwiebelstücken bestreut servieren. Den Joghurt dazu reichen.

Tipp:
Zu diesem würzigen Curry passt jede Art von Reis.

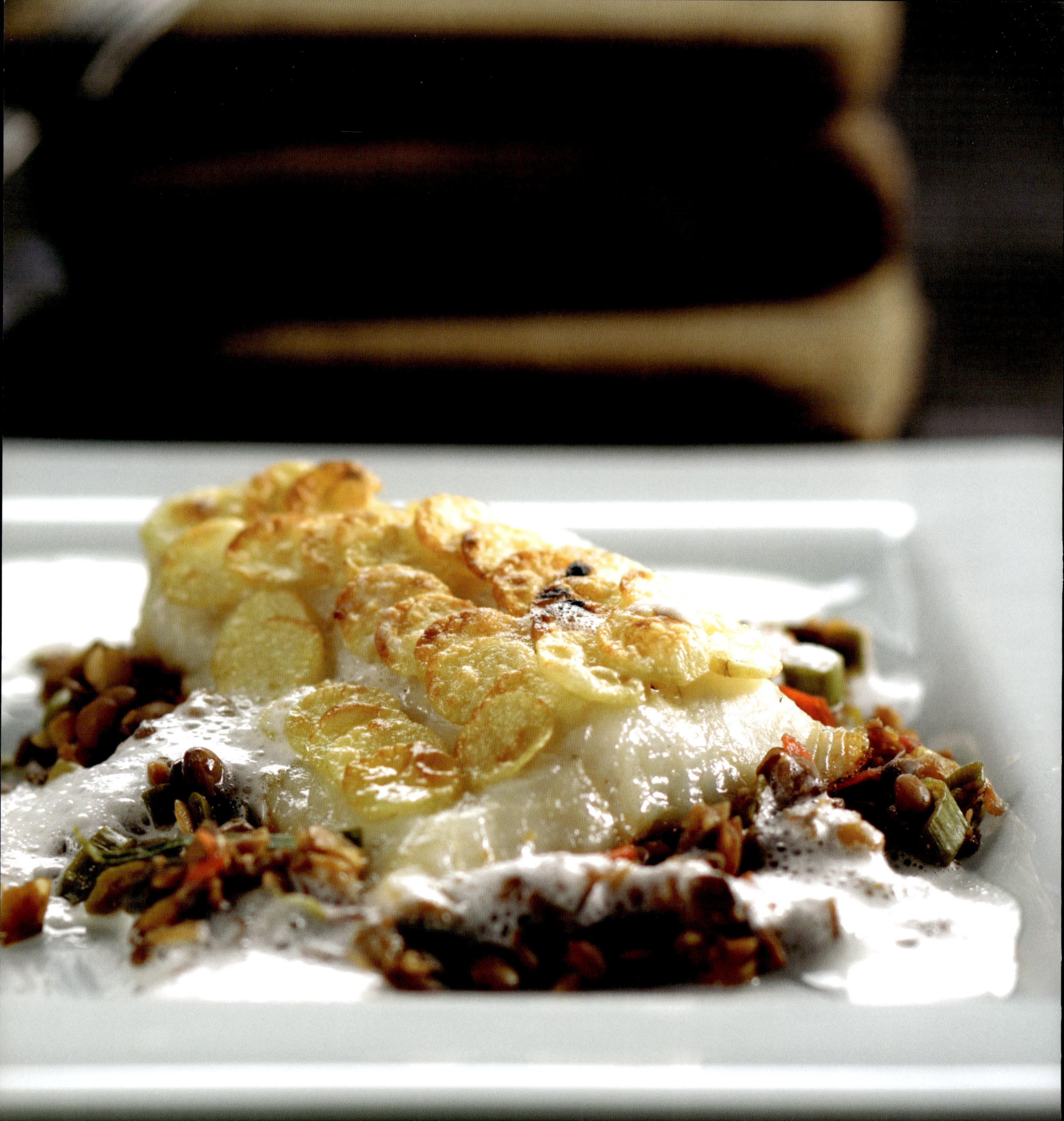

ZANDER MIT KARTOFFELSCHUPPEN UND LINSENGEMÜSE

Für 2 Personen
30 Minuten (plus ca. 12 Stunden Zeit zum Einweichen)
Handicap: Einfach

Linsengemüse:
60 g braune Linsen
1 Zwiebel, fein gewürfelt
150 ml heiße Gemüsebrühe
Meersalz und schwarzer Pfeffer aus der Mühle
20 g Butter
weißer Balsamicoessig
2 Tomaten, entkernt, gewürfelt
½ Lauchstange, hellgrüner Teil, in Würfel geschnitten

Zander mit Kartoffelschuppen:
2 Zanderfilets à ca. 100 g, ohne Haut
Meersalz aus der Mühle
½ Zitrone
2–3 Kartoffeln
2–3 EL Olivenöl
schwarzer Pfeffer aus der Mühle

Fischsauce:
1 Schalotte, fein gewürfelt
2 EL Olivenöl
80 ml trockener Weißwein
5 cl Wermut
120 ml klarer Fischfond
120 ml Sahne
etwas Zitronensaft
30 g kalte Butter
2 EL Sahne, steif geschlagen

So wird das Linsengemüse gemacht:
Die Linsen über Nacht in Wasser einweichen. Am nächsten Tag die Zwiebelwürfel in einem Topf anschwitzen, die abgetropften Linsen dazugeben, mit der heißen Brühe aufgießen und etwa 40 Minuten köcheln lassen, bis sie gar sind. Abgießen und mit Salz und Pfeffer würzen. Zum Schluss Butter, Balsamico nach Geschmack, Tomaten- und Lauchwürfel zugeben und alles nochmals kurz erhitzen.

So wird der Zander gemacht:
Den Backofen auf 200 Grad vorheizen. Die Zanderfilets mit Salz würzen und mit der Zitrone einreiben. Die Kartoffeln schälen und auf der Aufschnittmaschine in 1 mm dünne Scheiben schneiden. Aus den Scheiben mit einem Ausstecher etwa 1½ cm große Kreise ausstechen und damit die Zanderfilets schuppenartig belegen.
Das Öl in einer Pfanne heiß werden lassen, die Zanderfilets mit der Kartoffelseite nach unten einlegen und die Kartoffeln etwas Farbe nehmen lassen. Den Fisch umdrehen und für 2–3 Minuten in den vorgeheizten Backofen schieben. Anschließend die Kartoffelschicht mit Salz und Pfeffer würzen.

So wird die Fischsauce gemacht:
Die Schalottenwürfel in dem Olivenöl andünsten. Mit Weißwein und Wermut ablöschen und auf die Hälfte einkochen. Fischfond, Sahne und Zitronensaft zugießen und erneut um die Hälfte einreduzieren, bis die Sauce eine sämige Konsistenz hat. Die Butter und die geschlagene Sahne zugeben und alles
schaumig mixen.

So richte ich an:
Den Zander mit der Fischsauce überziehen und mit dem Linsengemüse anrichten.

MIKES SPECIAL

WAS MACHE ICH MIT COUSCOUS?

IDEAL-ZUSTAND

NORMAL-ZUSTAND

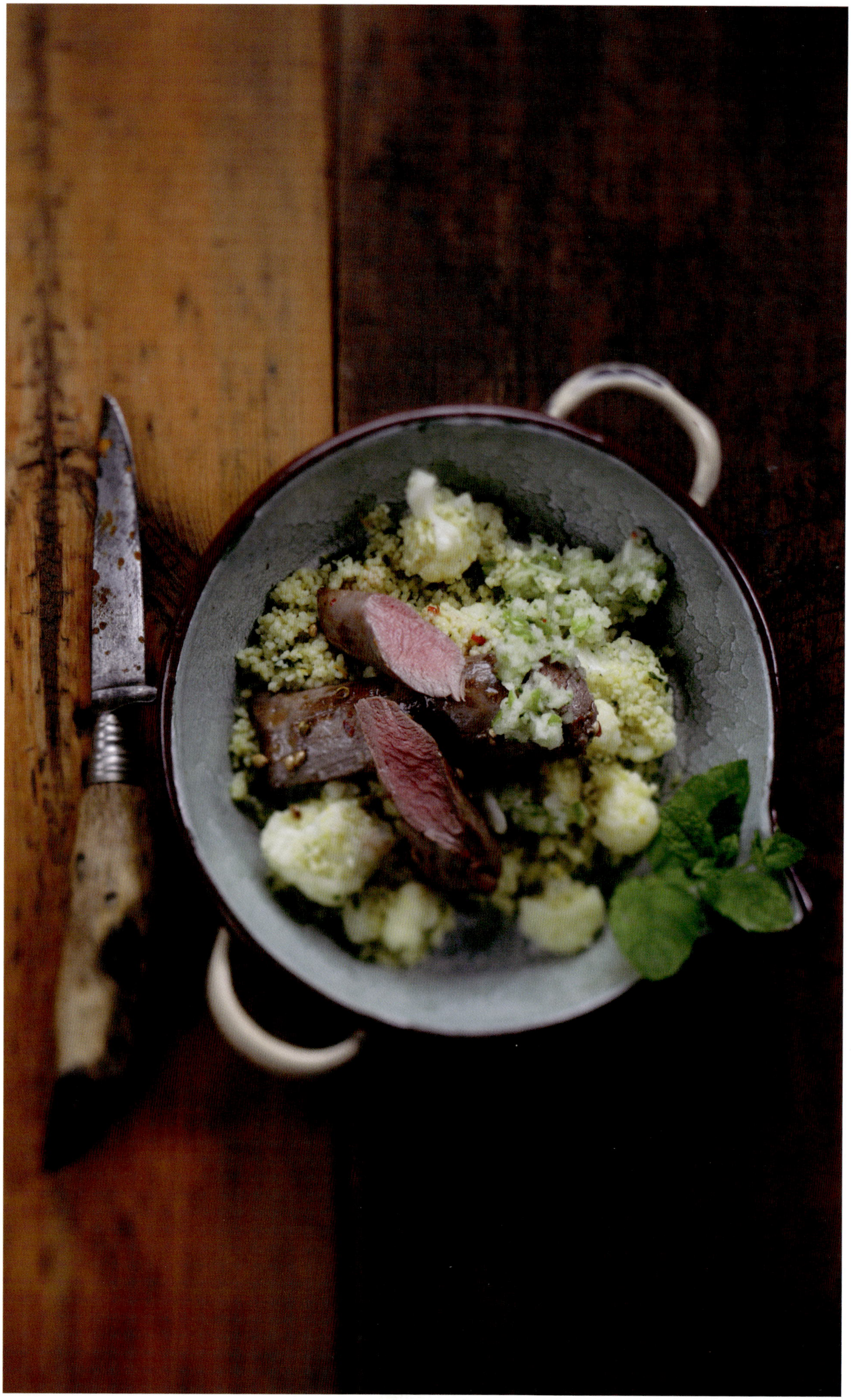

BLUMENKOHL-COUSCOUS-SALAT MIT LAMMFILET UND APFEL-MINZE-SAUCE

Für 2 Personen
30 Minuten
Handicap: Einfach

Blumenkohl-Couscous-Salat:

100 g Couscous
150 ml Gemüsebrühe, kochend heiß
100 g Blumenkohlröschen, blanchiert
½ unbehandelte Zitrone, Saft und abgeriebene Schale
½ unbehandelte Orange, Saft und abgeriebene Schale
1 Prise Zucker
1 Msp. gemahlener Kreuzkümmel
5 EL Olivenöl
1 Knoblauchzehe, fein gehackt
½ TL fein gehackte Chilischote
1 EL Petersilie, fein gehackt
Meersalz und schwarzer Pfeffer aus der Mühle

Apfel-Minz-Sauce:

1 grüner Apfel, geviertelt, entkernt
2 Minzezweige, Blätter abgezupft
1 EL Weißweinessig
1 TL Honig
Meersalz und schwarzer Pfeffer aus der Mühle

Lammfilet:

1 EL Olivenöl
½ TL fein gehackte Chilischote
1 TL gemahlener Koriandersamen
Meersalz und schwarzer Pfeffer aus der Mühle
300 g Lammfilets, sauber pariert

So wird der Blumenkohl-Couscous-Salat gemacht:
Den Couscous in eine Schüssel geben, mit der kochenden Brühe übergießen und 5 Minuten ziehen lassen, bis die Flüssigkeit vollständig aufgesaugt ist. Etwas abkühlen lassen, dann mit den Blumenkohlröschen mischen. Aus den restlichen Zutaten ein Dressing anrühren und über den Salat geben. Mit Salz und Pfeffer abschmecken. 20 Minuten ziehen lassen.

So wird die Apfel-Minze-Sauce gemacht:
Den Apfel und die Minzeblätter mit Essig und Honig im Mixer grob hacken und mit Salz und Pfeffer abschmecken.

So wird das Lammfilet gemacht:
Das Öl mit Chili, Koriander, Salz und Pfeffer in einer Schüssel vermischen. Die Lammfilets darin marinieren lassen, während die Minzesauce zubereitet wird. Dann die Lammfilets in einer Pfanne, auf dem Grill oder unter dem vorgeheizten Backofengrill von jeder Seite 2-3 Minuten (oder bis zum gewünschten Garzustand) braten.

So richte ich an:
Die Lammfilets aufschneiden und mit der Apfel-Minze-Sauce sowie dem Blumenkohl-Couscous-Salat anrichten.

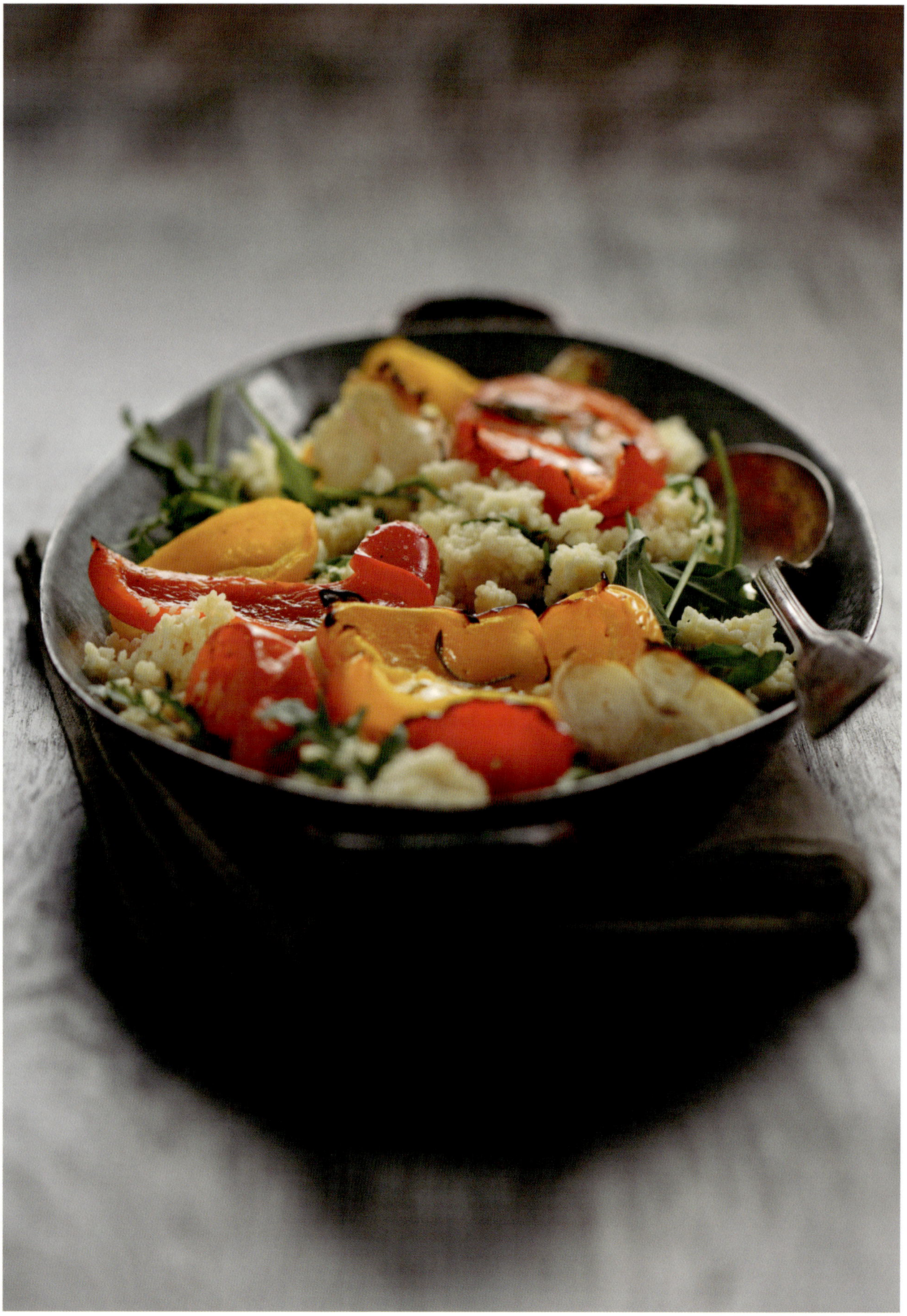

COUSCOUS MIT OFENGEMÜSE

Für 2 Personen
30 Minuten
Handicap: Extrem einfach

Ofengemüse:
Je 1 rote und gelbe Paprikaschote, geviertelt, entkernt
4 Rispentomaten, halbiert
2 EL Olivenöl
Meersalz und schwarzer Pfeffer aus der Mühle
½ TL Zucker
2 Knoblauchzehen, in der Schale, halbiert
2 Rosmarinzweige

Couscous:
140 g Couscous
200 ml Gemüsebrühe, kochend heiß
40 g Parmesan, frisch gerieben
1 EL abgeriebene Schale einer unbehandelten Zitrone
100 g Rucola
2 EL griechischer Joghurt

So wird das Ofengemüse gemacht:
Den Backofen auf 200 Grad vorheizen. Die Paprikaviertel und die Tomaten in eine mit Backpapier ausgelegte Form geben, mit dem Olivenöl beträufeln, salzen, pfeffern und mit Zucker bestreuen. Knoblauch und Rosmarin zugeben, alles kurz durchrühren und 30 Minuten im vorgeheizten Ofen weich schmoren.

Für das Couscous:
Den Couscous in eine Schüssel geben, mit der kochenden Brühe übergießen und 5 Minuten ziehen lassen, bis die Flüssigkeit vollständig aufgesaugt ist. Parmesan, Zitronenschale und Rucola unterheben.

So richte ich an:
Das Couscous auf Teller verteilen und das geschmorte Gemüse darauf anrichten.

Tipp:
Passt gut zu Geflügel.

Couscous auf einem Teller verteilen und geschmortes Gemüse darauf anrichten…

Mit gehobeltem Parmesan und Basilikumblättern garnieren.

BASILIKUM-COUSCOUS MIT FISCHFILET IN TOMATEN-VANILLE-SUD

Für 2 Personen
40 Minuten
Handicap: Einfach

Basilikum-Couscous:
140 g Couscous
200 ml Gemüsebrühe, kochend heiß
80 g Pinienkerne, ohne Fett goldbraun geröstet
100 g Basilikumblätter
50 g Petersilienblätter
100 g Parmesan, frisch gerieben
125 ml Olivenöl
Meersalz und schwarzer Pfeffer aus der Mühle

Tomaten-Vanille-Sud:
8 vollreife Strauchtomaten, geviertelt
1 Knoblauchzehe, geschält
2 Basilikumzweige
Meersalz und schwarzer Pfeffer aus der Mühle
2 EL Zucker
2–3 EL Gin
2 EL Weißweinessig

Fischfilets:
2 Fischfilets à 150 g (z. B. Dorsch, Kabeljau, Seelachs)
Meersalz und schwarzer Pfeffer aus der Mühle
1 Spritzer Zitronensaft

Zum Anrichten:
30 g Butter
etwas gehobelter Parmesan
6 Basilikumblätter

So wird's gemacht:
Den Couscous in eine Schüssel geben, mit der kochend heißen Brühe übergießen und 5 Minuten zugedeckt ziehen lassen, bis die Flüssigkeit vollständig aufgesaugt ist. Alle anderen Zutaten für das Couscous im Mixer zu einer feinen Paste pürieren. Mit Salz und Pfeffer würzen.

Die Zutaten für den Tomaten-Vanille-Sud im Mixer pürieren, anschließend durch ein feines Sieb oder einen Kaffeefilter in einen Topf passieren. Den Sud zum Kochen bringen und auf die Hälfte einreduzieren. Die Fischfilets mit Salz, etwas Pfeffer und Zitronensaft würzen, in den Fond legen und zugedeckt etwa 3 Minuten ziehen lassen (der Topf sollte so groß sein, dass die Fischfilets komplett im Sud liegen).

Den Couscous wieder erwärmen, die gewünschte Menge Pesto dazugeben, die Butter einrühren und noch etwas geriebenen Parmesan darüberstreuen.
Die Fischfilets aus dem Sud nehmen, abtropfen lassen und auf dem Basilikum-Couscous anrichten. Mit gehobeltem Parmesan und Basilikumblättern garnieren.

Tipp:
Restliches Pesto in ein Schraubglas füllen, die Oberfläche glatt streichen und mit Olivenöl abdecken. Im Kühlschrank hält sich das Pesto mehrere Wochen. Nach der Entnahme von Pesto den Rand sorgfältig sauber abwischen und das Pesto wieder mit Olivenöl abdecken.

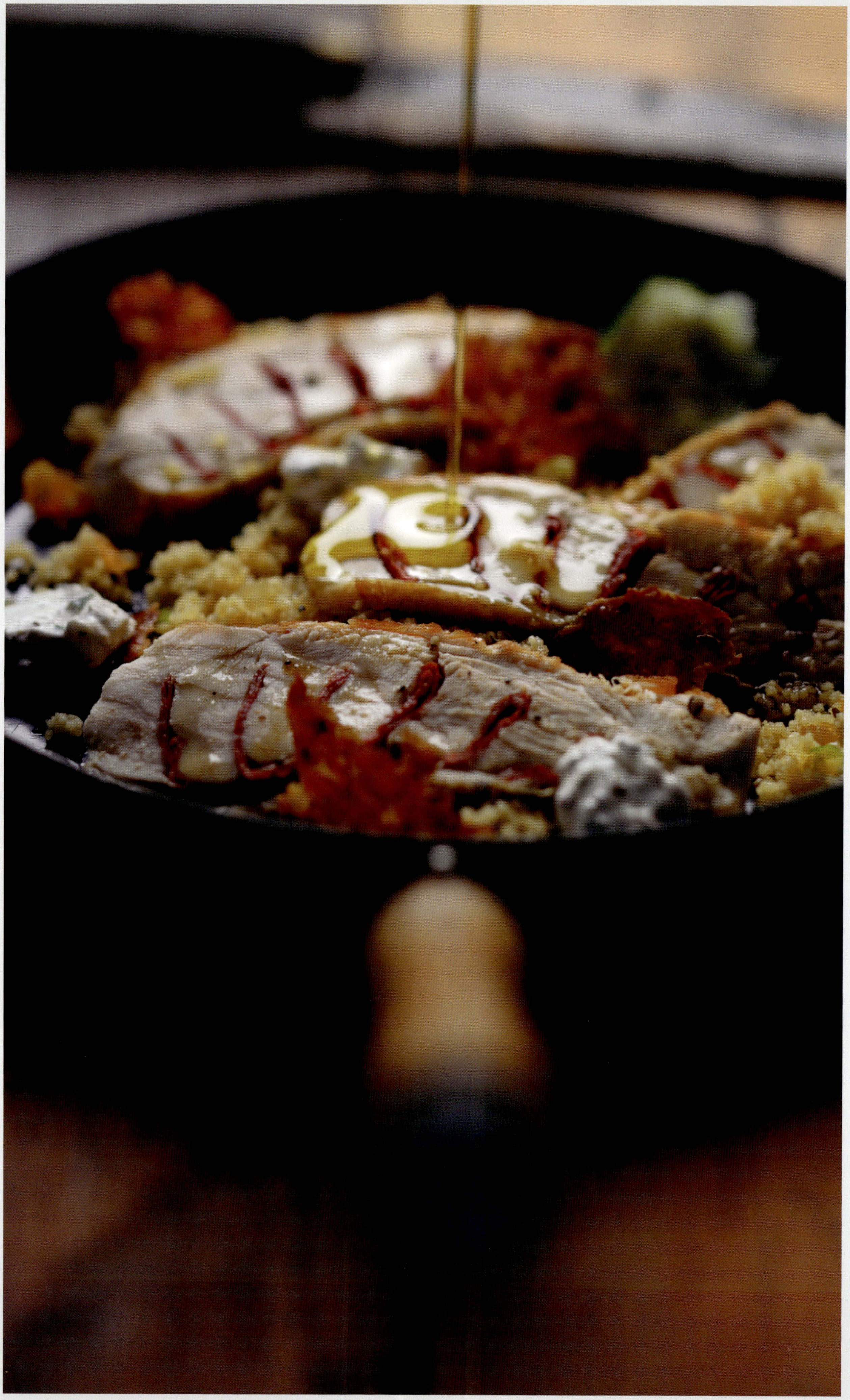

MIKES SPECIAL

GEPIERCTE HÜHNERBRUST MIT APRIKOSEN-COUSCOUS UND CREMIGEM DIP

Für 2 Personen
30 Minuten
Handicap: Einfach

Hühnerbrust:
2 Maishähnchenbrüste mit Haut oder normale Hähnchenbrust
8 Scheiben Salami oder 1 spanische Chorizo, in dünne Scheiben geschnitten
Olivenöl zum Braten
Meersalz und schwarzer Pfeffer aus der Mühle

Aprikosen-Couscous:
140 g Couscous
200 ml Gemüsebrühe, kochend heiß
1 EL Zucker
1 Bund Frühlingszwiebeln, fein geschnitten
50 g getrocknete Aprikosen, in Würfel geschnitten
1 EL Weißweinessig
3 EL Olivenöl
1 TL Rosmarin, fein gehackt
Meersalz und schwarzer Pfeffer aus der Mühle

Schmand-Dip:
100 g Schmand (Sauerrahm)
½ TL gemahlener Kreuzkümmel
½ TL gemahlener Koriander
1 TL Koriander, frisch gehackt
1 Spritzer Limettensaft

So wird die Hühnerbrust gemacht:
Bei den Maishähnchenbrüsten die Haut von einer Seite her leicht herunterziehen, sie darf noch an einem Eck dranbleiben. Nun in jede Brust quer vier Mal einschneiden, sodass jeweils 1 gefaltete Salamischeibe in die »Taschen« passt. Die Haut wieder darüberklappen.
In dem erhitzten Olivenöl die Brüste zuerst auf der Hautseite goldgelb braten, danach wenden und von der anderen Seite ebenfalls einige Minuten braten. Am besten nun die Brüste in der Pfanne etwa 10 Minuten bei 120 Grad in den Ofen geben. Anschließend mit Salz und Pfeffer würzen und vor dem Anrichten längs aufschneiden.

So wird das Aprikosen-Couscous gemacht:
Den Couscous in eine Schüssel geben, mit der kochenden Brühe übergießen und 5 Minuten ziehen lassen, bis die Flüssigkeit vollständig aufgesaugt ist. Den Zucker in einer beschichteten Pfanne vorsichtig karamellisieren, die Zwiebel und die gewürfelten Aprikosen dazugeben, kurz durchschwenken und mitgaren. Mit dem Essig ablöschen, das Olivenöl dazugeben, 5 Minuten köcheln lassen und dann den Rosmarin beifügen. Die Mischung noch warm zum Couscous geben, unterheben und mit Salz und Pfeffer abschmecken

So wird der Schmand-Dip gemacht:
Den Schmand mit Kreuzkümmel, gemahlenem und frischem Koriander sowie Limettensaft vermengen.

So richte ich an:
Die aufgeschnittene Hühnerbrust auf dem Couscous anrichten und den Dip dazu reichen.

WAS MACHE ICH MIT NÜSSEN?

IDEAL-ZUSTAND

NORMAL-ZUSTAND

»

+

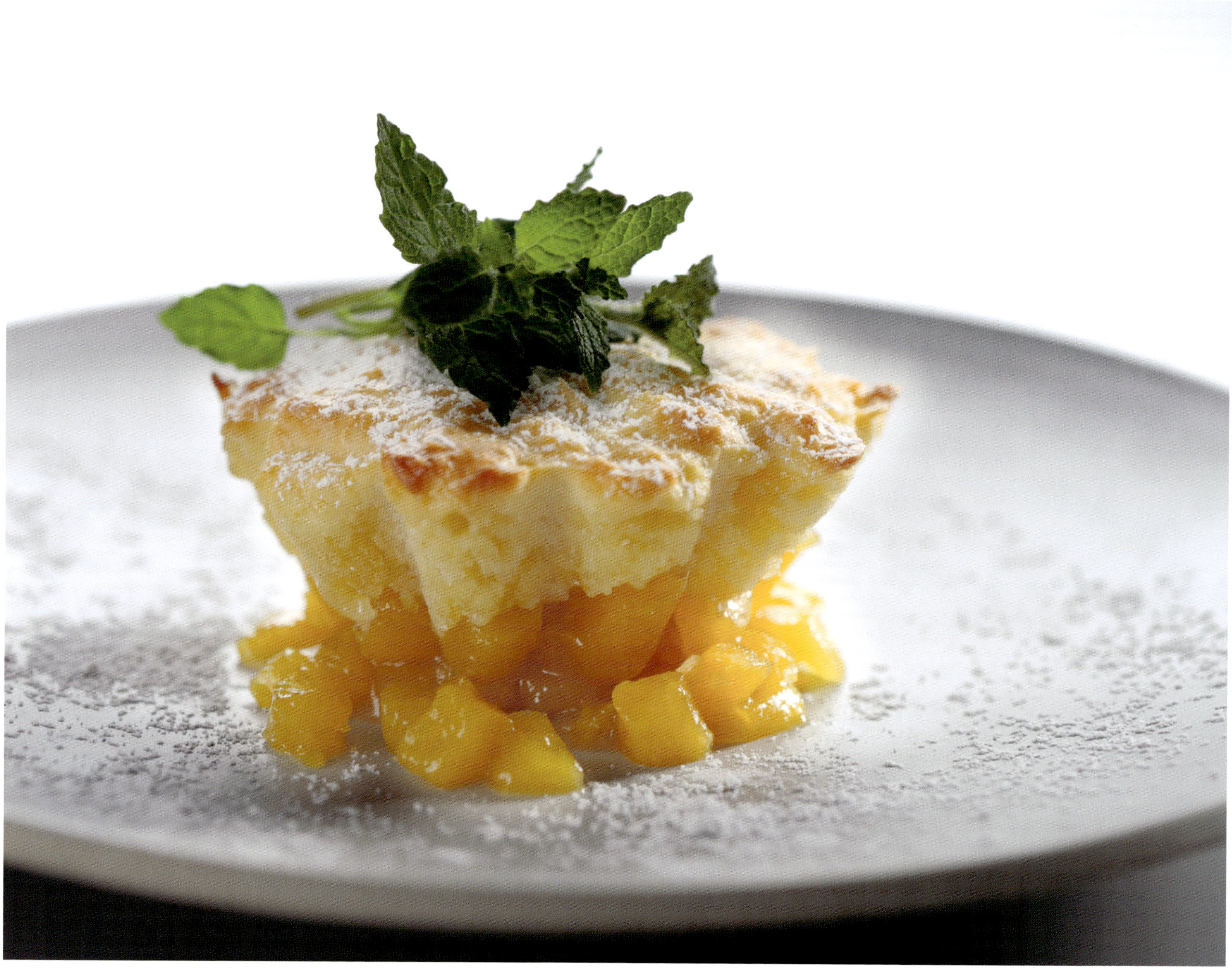

APRIKOSEN-MUFFINS

Für 6 Stück
30 Minuten
Handicap: Sehr einfach

Aprikosen:
90 g Butter
250 g brauner Zucker
3 EL Wasser
12 Aprikosen, halbiert, entsteint

Teig:
75 g Butter, zerlassen
60 g sehr feiner Zucker
2 Eier
130 g Haselnüsse, fein gemahlen
125 g Mehl
1 TL Backpulver
80 ml Milch
Butter für die Förmchen

So werden die Aprikosen gemacht:
Den Backofen auf 160 Grad vorheizen. Butter, Zucker und Wasser in einem Topf bei mittlerer Temperatur unter Rühren erhitzen, bis die Butter schmilzt und die Masse karamellisiert. Die Aprikosen dazugeben und 2 Minuten unter Rühren karamellisieren lassen. Die Aprikosen und etwas von dem karamellisierten Saft auf 6 ausgebutterte, beschichtete Muffinförmchen verteilen. Den restlichen Sirup zum Anrichten beiseitestellen.

So wird der Teig gemacht:
Alle Zutaten zu einem glatten Teig verarbeiten und diesen in den Förmchen über den Aprikosen verteilen. Die Törtchen im vorgeheizten Ofen etwa 30 Minuten backen. Aus dem Ofen nehmen, 5 Minuten abkühlen lassen, dann auf Dessertteller stürzen, mit dem restlichen Sirup beträufeln und servieren.

Tipp:
Machen Sie die Garprobe: Mit einem Metallspieß in die Törtchen stechen – wenn kein Teig mehr daran haftet, sind die Törtchen fertig.

Varianten:

Mango:
Die Aprikosen durch 2 geschälte und grob gewürfelte Mangos und die gemahlenen Haselnüsse durch 130 g Kokosraspel ersetzen.

Stachelbeere und Mandeln:
Die Aprikosen durch 300 g Stachelbeeren und die gemahlenen Haselnüsse durch 100 g gemahlene Mandeln ersetzen.

Birnen und Mandeln:
Die Aprikosen durch 2 in Spalten geschnittene feste Birnen und die gemahlenen Haselnüsse durch 100 g gemahlene Mandeln ersetzen.

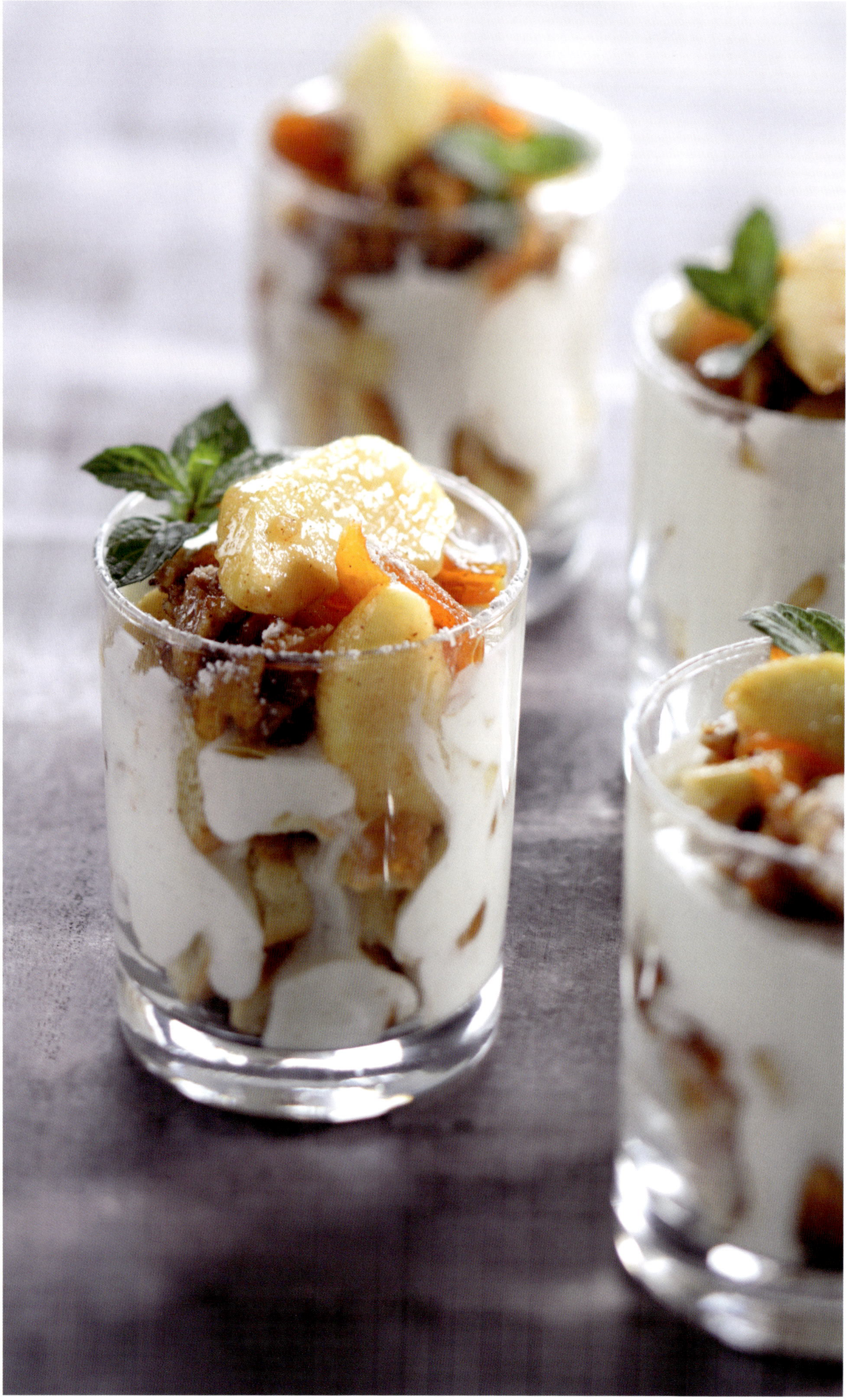

APFELKUCHEN – UNGEBACKEN

Für 2 Personen
15 Minuten
Handicap: Extrem einfach

30 g getrocknete säuerliche Aprikosen
1 TL Zucker
2 TL Butter
50 g Walnusskerne, grob gehackt
1 Apfel, geschält, geviertelt, entkernt und in 1½ cm dicke Spalten geschnitten
120 g griechischer Joghurt
40 g Frischkäse
1 TL Zitronensaft
1 TL Honig
½ Vanilleschote, ausgekratztes Mark
gemahlener Zimt nach Geschmack
3 Löffelbiskuits
Minzeblättchen und Puderzucker zum Bestreuen

So wird's gemacht:
Die Aprikosen mit heißem Wasser überbrausen, abtupfen und in dünne Stifte schneiden. Den Zucker in einer Pfanne bei mittlerer Hitze schmelzen, aber nicht bräunen lassen. Butter, Aprikosenstifte und Nüsse dazugeben. Die Apfelspalten untermischen und unter vorsichtigem Rühren bei mittlerer Hitze dünsten, bis sie gar sind, aber noch etwas Biss haben.
Den Joghurt mit dem Frischkäse, Zitronensaft, Honig, Vanillemark und Zimt nach Geschmack glatt rühren. Die Löffelbiskuits in feine Scheiben schneiden und in Gläser füllen. Die Frischkäsemasse auf den Biskuits verteilen und mit dem ausgekühlten Apfelkompott bedecken. Mit Minzeblättchen und Puderzucker bestreut servieren.

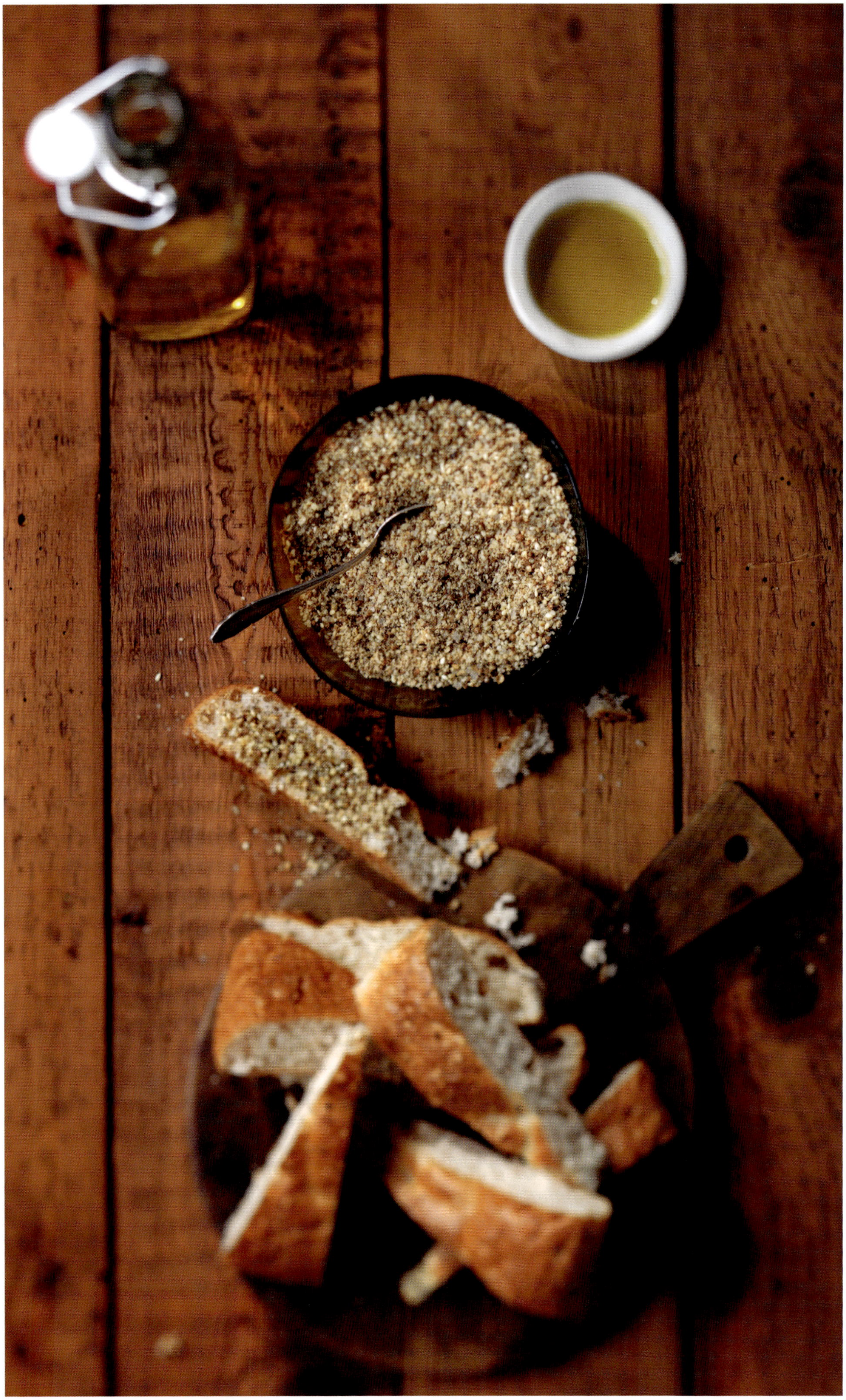

HASELNUSS-GEWÜRZ-DIP
DUKKAH

Ergibt 4 Portionen
15 Minuten
Handicap: Extrem einfach

4 EL Sesamsamen
2 EL Koriandersamen
1½ EL Kreuzkümmelsamen (Cumin)
25 g Haselnusskerne
1 EL Fleur de Sel
½ TL frisch gemahlener schwarzer Pfeffer

frisches Fladenbrot oder knuspriges Baguette sowie
4 EL feinstes natives Olivenöl zum Servieren

So wird's gemacht:
In einer Pfanne die Sesam-, Koriander- und Kreuzkümmelsamen trocken (das heißt ohne Fett oder Öl) rösten, bis sie aromatisch duften. Die Haselnüsse ebenfalls rösten und grob zerstoßen. Haselnüsse, Gewürzmischung, Fleur de Sel und Pfeffer im Mixer oder Mörser grob zermahlen. Mit Fladenbrot und Olivenöl servieren.

Tipps:
Die Nuss-Gewürz-Mischung hält sich in einem fest verschlossenen Gefäß im Kühlschrank bis zu 1 Monat. Dukkah passt gut auf Appetithäppchen zu Cocktails oder Wein. Man kann damit auch gut Hähnchenfilets panieren, bevor man sie anbrät.

Variante:

Anstelle der Haselnüsse geröstete Kichererbsen oder Mandeln nehmen. Wer mag, kann die Dukkah mit etwas frischem gehacktem (oder ersatzweise getrocknetem) Thymian würzen.

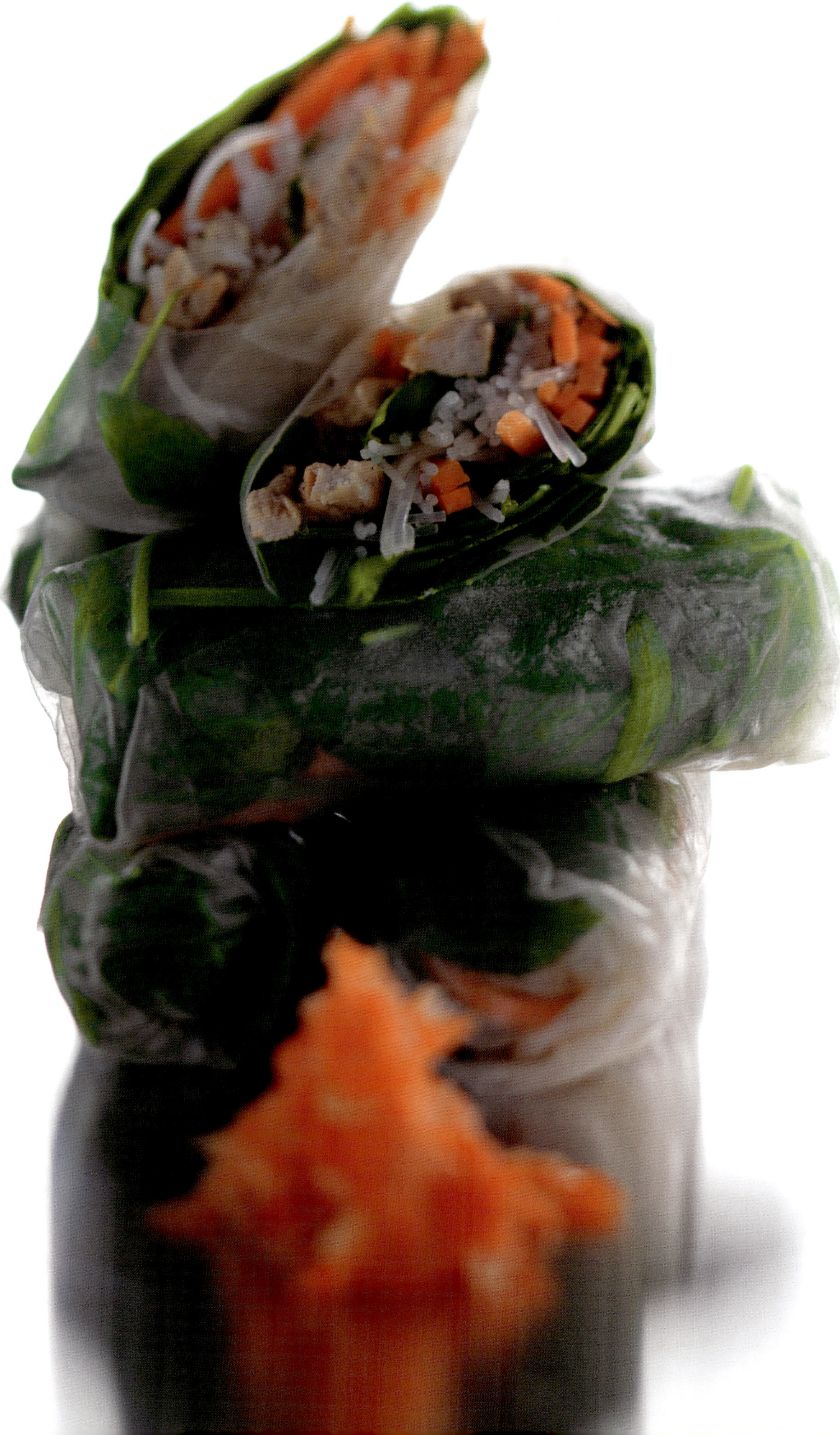

GLÜCKSROLLEN MIT RETTICH-KAROTTEN-DIP

Für 2 Personen
20 Minuten
Handicap: Sehr einfach

Glücksrollen:
8 Blatt Reispapier
100 g Glasnudeln
150 g Schweinefleisch, gebraten und ausgekühlt, wahlweise jede andere Fleischsorte
8 junge Spinatblätter, ersatzweise grüner Salat
100 g Karotten, geschält, in feine Streifen geschnitten
einige Minzeblättchen, Basilikumblättchen, Thai-Basilikum-Blättchen und Korianderblättchen

Rettich-Karotten-Dip:
75 g Zucker
100 ml Weißweinessig
2 TL Wasser
2 TL Thai-Fischsauce
50 g Karotten, geschält, fein geraspelt
50 g Rettich, geschält, fein geraspelt
50 g Erdnüsse, geschält, gehackt
1 Stück Chilischote, entkernt, fein gehackt

So werden die Glücksrollen gemacht:
Lauwarmes Wasser in eine Schüssel geben. Das Reispapier kurz eintauchen und auf einem Brett auslegen, bis es weich ist. Die Glasnudeln mit kochendem Wasser übergießen und 5 Minuten ziehen lassen, dann abseihen. Das Schweinefleisch in dünne Streifen schneiden. Das Reispapier mit Spinat, Glasnudeln, Karotten und Kräutern belegen. Die Schweinefleischstreifen daraufgeben und die Blätter zu Röllchen aufwickeln. Unbedingt darauf achten, dass die Röllchen sehr eng und fest gewickelt sind.

So wird der Rettich-Karotten-Dip gemacht:
Zucker, Essig und Wasser leicht dickflüssig einkochen. Die Thai-Fischsauce zugeben und kurz weiterkochen. Abkühlen lassen und dann Karotten, Rettich, Nüsse und Chili dazugeben.

So richte ich an:
Die Frühlingsrollen halbieren und mit dem Dip servieren.

WAS MACHE ICH MIT KEKSEN?

IDEAL-ZUSTAND

NORMAL-ZUSTAND

»

+

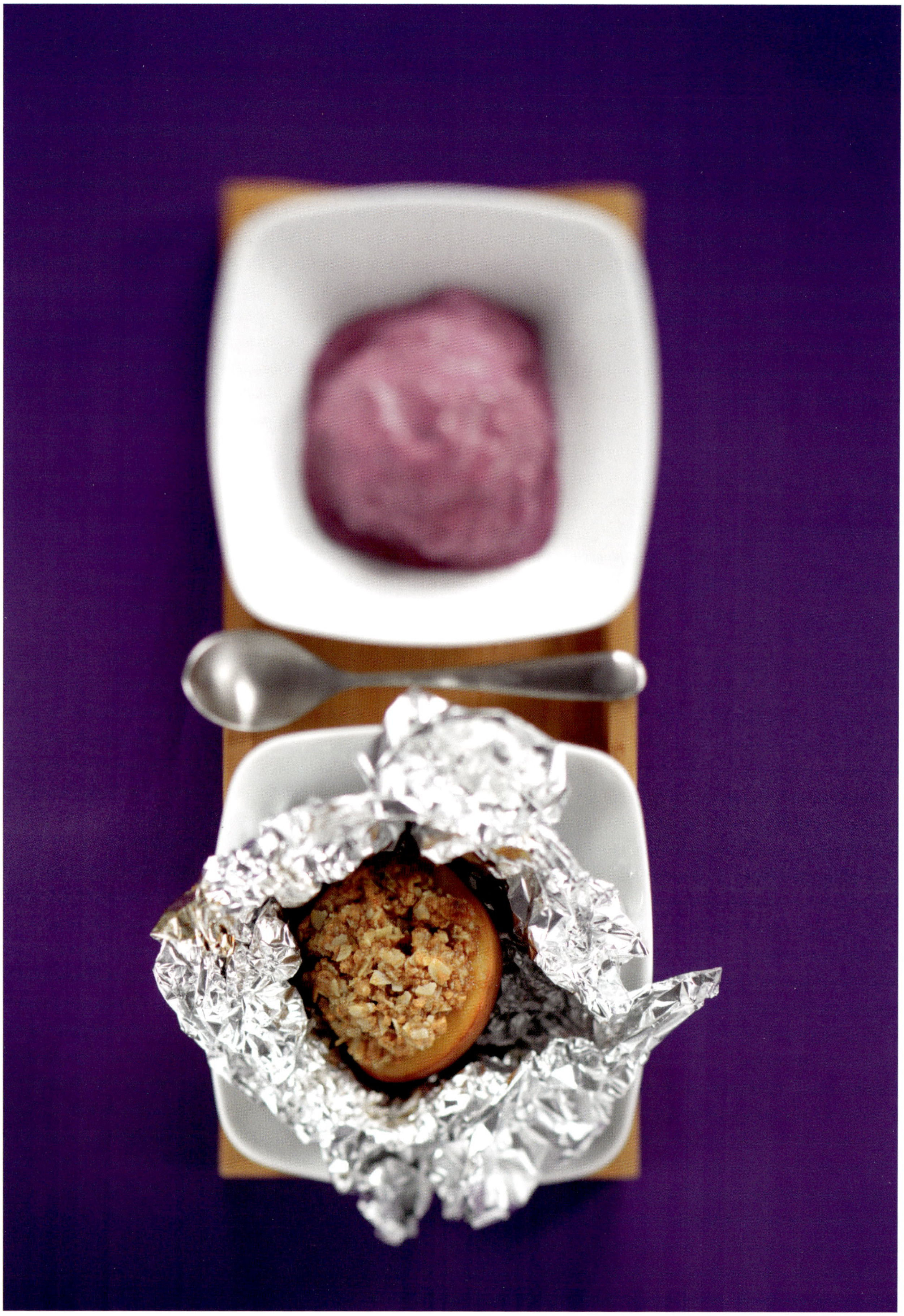

AMARETTINI-PFIRSICH-PÄCKCHEN MIT JÄGERMEISTER-BLITZEIS

Für 2 Personen
20 Minuten
Handicap: Extrem einfach

Amarettini-Pfirsich-Päckchen:
100 g Amarettini
75 g Mandeln, gehobelt
50 g Zucker
75 g Butter, in Würfeln
1 unbehandelte Zitrone, abgeriebene Schale und Saft
1 Eigelb
2 reife Pfirsiche oder ersatzweise Äpfel

Jägermeister-Blitzeis:
100 g tiefgekühlte Heidelbeeren
150 g griechischer Joghurt
70 g Zucker
1 EL Zitronensaft
3 EL Jägermeister, aus dem Eisfach

So werden die Amarettini-Pfirsich-Päckchen gemacht:
Die Amarettini grob zerbröseln und in eine Schüssel geben. Mit Mandeln, Zucker, Butter und Zitronenschale zu Streuseln verarbeiten. Das Eigelb verquirlen und untermischen, sodass der Teig gerade zusammenhält. Die Pfirsiche halbieren, entsteinen und die Schnittflächen mit dem Zitronensaft beträufeln. Die Amarettini-Mischung auf den Pfirsichhälften verteilen und leicht andrücken.
Aus Alufolie 4 etwa 20 cm lange Stücke schneiden. Auf jedes Folienstück 1 Pfirsichhälfte legen, die Folienenden hochschlagen und zu einem lockeren Päckchen formen.
Bei starker Hitze auf dem Grill oder im Backofen bei 180 Grad 15 Minuten grillen, bis die Pfirsiche weich sind und die Füllung vor sich hin brutzelt.

So wird das Jägermeister-Blitzeis gemacht:
Für das Eis alle Zutaten im Mixer erst kurz vor dem Servieren mixen.

HINWEIS
DER BEGRIFF RUMKUGEL

Rumkugeln werden auch Punschkugeln oder Trüffel genannt. Egal, wie man sie nennt – sie sind auf jeden Fall ein ganz köstliches Konfekt!

RUMKUGEL-SALAMI

Für 2 Personen
40 Minuten
Handicap: Sehr leicht

100 g Kekse nach Wahl
50 g Kuchenreste
50 g gemahlene Haselnüsse, Walnüsse und Mandeln
60 g Puderzucker, gesiebt
3 cl hochprozentiger Rum
etwas Zitronensaft
150 g helle Kuvertüre, über dem Wasserbad geschmolzen
100 g Marzipanrohmasse
50 g Himbeermarmelade
50 g Mandeln, blanchiert, ausgekühlt und grob gebrochen
50 g Pistazien, blanchiert, ausgekühlt
Puderzucker, gesiebt, zum Bestäuben

So wird's gemacht:
Die Kekse, die Kuchenreste, die gemahlenen Nüsse und Mandeln sowie den Puderzucker gut vermischen und kurz mixen. Rum und Zitronensaft untermischen. Die Kuvertüre über einem heißen Wasserbad schmelzen. Schokolade, Marzipanrohmasse, Himbeermarmelade, Mandeln und Pistazien unterrühren und alles gut durchkneten. Die Masse zu der Form einer Salami rollen und für etwa 15 Minuten in das Gefrierfach geben. Herausnehmen und von allen Seiten mit gesiebtem Puderzucker bestäuben, mit einem weiß-roten Bindfaden wie eine Salami umwickeln und sofort wieder kalt stellen.

Tipp:
Diese »Salami« auf einem Holzbrett mit einem kleinen Sägemesser und ein paar aufgeschnittenen Scheiben servieren.

Mit einem weißroten Bindfaden wie eine Salami umwickeln.

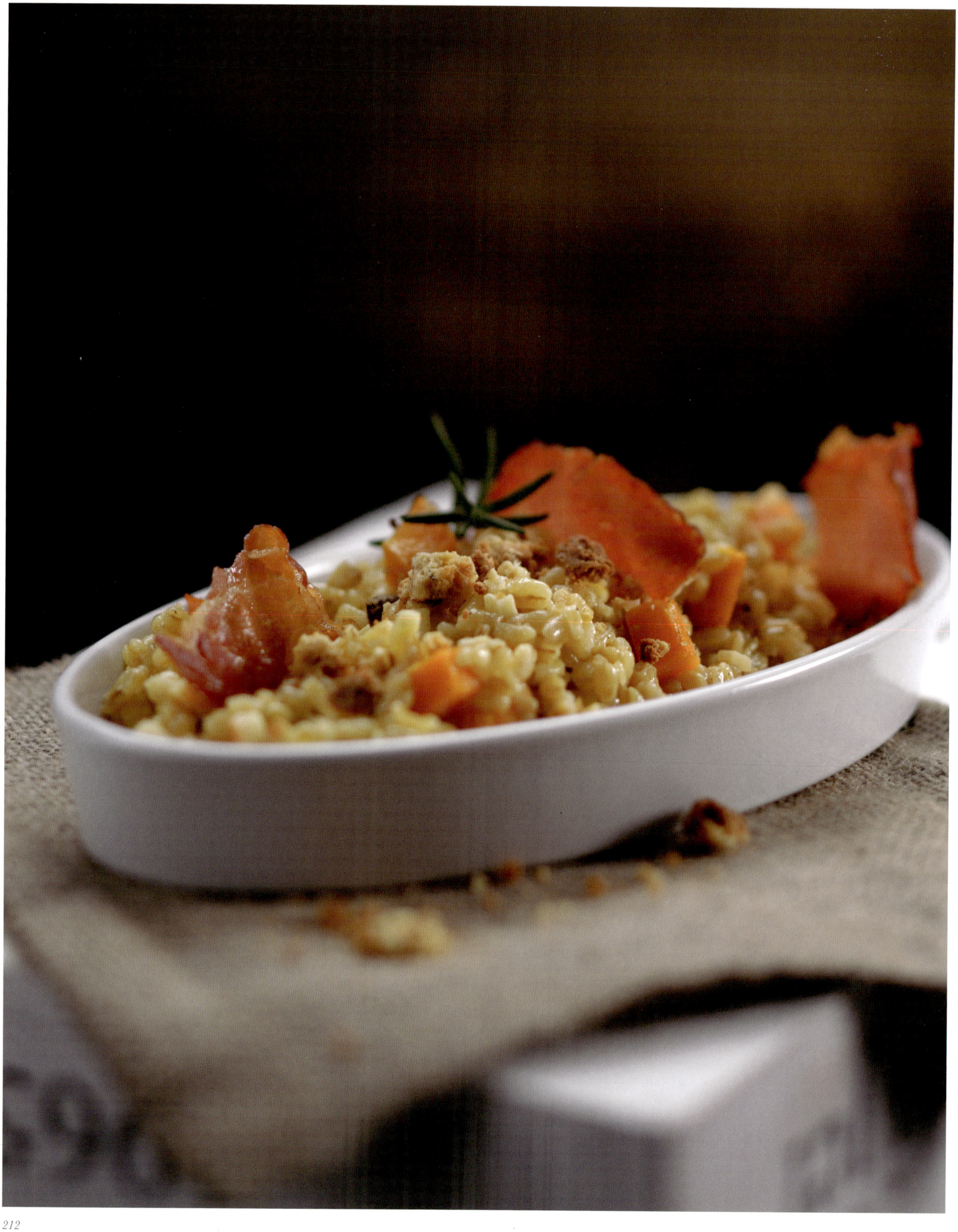

KÜRBIS-EBLY MIT KNUSPRIGEM PROSCIUTTO

Für 2 Personen
20 Minuten
Handicap: Sehr einfach

Kürbis-Ebly:
2 EL Olivenöl
1 TL fein gewürfelte Zwiebel
1 kleine Knoblauchzehe, fein zerdrückt
200 g Ebly (Zartweizen)
1 Schuss Weißwein
350 ml Geflügelfond
50 g Kürbis, klein gewürfelt
1 Apfel, geschält, entkernt, fein gewürfelt
1 kleine Chilischote, entkernt, fein gehackt
30 g Butter
80 g Parmesan, fein gerieben
50 g Crème fraîche
Meersalz und schwarzer Pfeffer aus der Mühle
100 g Cantuccini (harte Mandelkekse)

4 Scheiben Prosciutto oder anderer Rohschinken

So wird's gemacht:
Das Olivenöl in einem Topf erhitzen, Zwiebel und Knoblauch darin glasig dünsten. Den Ebly dazugeben und 1 Minute mitdünsten, mit dem Wein ablöschen und etwas Fond angießen. Den Ebly unter Rühren etwa 15 Minuten garen, dabei nach und nach so viel Fond zugießen, dass der Weizen jeweils gerade bedeckt ist. Nach 10 Minuten den Kürbis zugeben und weitergaren. Kurz vor Ende der Garzeit die Apfelwürfel, die gehackte Chili, Butter, Parmesan und Crème fraîche untermischen. Mit Salz und Pfeffer abschmecken.
Die Cantuccini (bis auf einen kleinen Rest zum Garnieren) zerbröseln und unter das Ebly-Risotto mischen. Die Prosciutto-Scheiben auf ein Backblech geben und im Ofen bei 180 Grad knusprig backen.
Das Ebly-Risotto mit den restlichen Cantuccini bestreuen und zusammen mit dem knusprigen Prosciutto anrichten.

Tipps:
Dieses Gericht ist auch super vegi-tauglich! Einfach Gemüsebrühe anstatt Geflügelbrühe nehmen und den Prosciutto weglassen. Ebly besteht wie Pasta aus Hartweizen und ist super für die schnelle Küche geeignet – die Garzeit beträgt gerade einmal 10–15 Minuten.
Statt Kürbis kann auch jedes andere saisonale Gemüse verwendet werden.

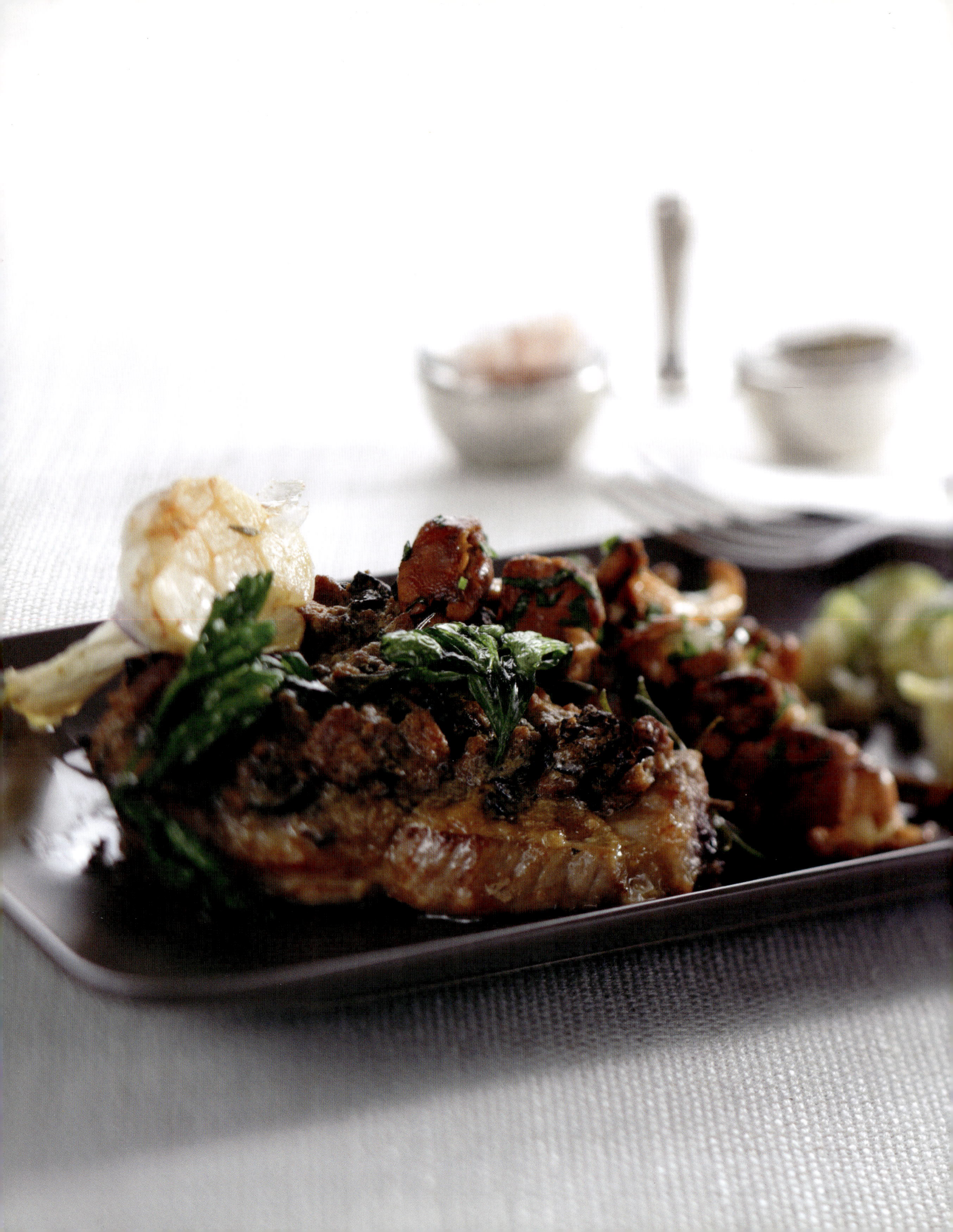

MIKES SPECIAL

SCHWEINEKOTELETTS MIT SPEKULATIUS-BACKPFLAUMEN-KRUSTE

Für 2 Personen
50 Minuten bzw. 15 Minuten, wenn die Kruste bereits vorbereitet ist
Handicap: Einfach

Spekulatiuskruste:
125 g weiche Butter
2 Eigelb
60 g Gewürzspekulatius, gemahlen
40 g getrocknete Backpflaumen, fein gehackt
Meersalz und schwarzer Pfeffer aus der Mühle

Schweinekoteletts:
2 Schweinekoteletts, dick geschnitten
1 EL Olivenöl
2 EL Butter
2 Thymianzweige
1 Knoblauchzehe, geschält, leicht gequetscht
Meersalz und schwarzer Pfeffer aus der Mühle

Pfifferlinge und Rosenkohl:
100 g Pfifferlinge, geputzt, je nach Größe halbiert
2 EL Olivenöl
2 Zwiebeln, fein gewürfelt
Meersalz und schwarzer Pfeffer aus der Mühle
1 TL Petersilie, fein gehackt
1 EL Butter
8 Rosenkohlsprossen, vom Strunk befreit, geviertelt
frisch geriebene Muskatnuss
80 ml Geflügelfond
80 ml Sahne
2 Zweige glatte Petersilie, Blätter abgezupft
2–3 EL Pflanzenöl

So wird die Spekulatiuskruste gemacht:
Die weiche Butter mit dem Handmixer schaumig aufschlagen, nach und nach die beiden Eigelbe unterrühren. Die Gewürzspekulatius und 30 g der Backpflaumen hinzufügen, den Rest zum Dekorieren verwenden. Mit Salz und Pfeffer würzen. Die Masse in Backpapier zu einer Rolle formen und etwa 45 Minuten in den Tiefkühler geben. Die Rolle anschließend in Scheiben von 1 cm Dicke schneiden – so viele, dass man die Koteletts gut damit belegen kann.

So werden die Schweinekoteletts gemacht:
Den Backofen auf 200 Grad vorheizen. Die Schweinekoteletts im Olivenöl von allen Seiten anbraten. Die Pfanne vom Herd ziehen, Butter, Thymianzweige und Knoblauch hinzufügen. Die Butter aufschäumen lassen und das Fleisch während 3-4 Minuten damit übergießen. Die Koteletts aus der Pfanne nehmen und auf ein Gitter setzen. Die Spekulatiuskrustenscheiben auf das Fleisch legen und andrücken. Im vorgeheizten Ofen auf der mittleren Schiene etwa 10 Minuten fertig garen. Herausnehmen und 2-3 Minuten ruhen lassen.

So werden die Pfifferlinge und der Rosenkohl gemacht:
Die Pilze kurz im erhitzten Olivenöl anbraten, die Hälfte der Zwiebelwürfel hinzufügen und kurz mitbraten. Mit Salz, Pfeffer und der gehackten Petersilie würzen. Die restlichen Zwiebelwürfel in der Butter glasig anschwitzen, die Rosenkohlsprossen hinzufügen. Mit Salz, Pfeffer und Muskat würzen, mit dem Fond und der Sahne auffüllen und cremig einkochen. Die Petersilienblätter im heißen Pflanzenöl kurz frittieren, auf Küchenpapier abtropfen lassen und als Dekoration verwenden.

So richte ich an:
Die Koteletts mit den restlichen gehackten Backpflaumen bestreuen und mit dem Pfifferling-Rosenkohl-Gemüse servieren. Die frittierten Petersilienblätter dekorativ auf dem Fleisch anrichten.

DANKSAGUNG

Ich freue mich, hier einigen Leuten zu danken, die an diesem tollen Buch mitgewirkt haben und sich die Zeit genommen haben, meine ewigen Änderungen zu ertragen und immer wieder neu zu beurteilen.
Dank geht an Karl Heinz Ruber, der meine Ursprungsidee in ein Layout gefasst hat, um damit einen potentiellen Verlag nicht nur in Worten, sondern mit einer visuellen Idee zu überzeugen. Im Vorfeld haben mir viele Freunde Fotos aus dem Innersten Ihres Kühlschranks, Ihres Gefrierfachs, Ihrer Speisekammer zukommen lassen – verbunden mit der Bitte, diese nicht zu veröffentlichen. Versprochen! Das mache ich nicht … aber dennoch danke auch an euch! Ein ganz besonderes Dankeschön geht an meine Lektorin Monika Schmidhofer und das Team des AT Verlages.

Guggi und Mo
Mein größter Dank geht natürlich an allererster Stelle an meine Frau Gudrun und meinen Sohn Moritz. Ihr müsst wirklich oft auf mich verzichten, aber ihr »rockt« das perfekt. Ich liebe Euch und ich verspreche: Ich bessere mich!

Pia
Besonderen Dank sende ich an Pia Bhamroyal, mein Management – ohne Deine Unterstützung hätte ich es bei meinem vollen Terminkalender nie geschafft, alles mit dem Verlag zu koordinieren. Danke auch für Deine immer aufmunternden Worte zur richtigen Zeit.

Urs
Mein persönlicher Dank geht auch an Urs Hunziker, den Verlagsleiter des AT Verlags, für das Vertrauen, mich als Autor an Bord zu nehmen und das Wagnis mit meinem Wunschfotografen und Grafiker gleich dazu einzugehen.

Röthmoorstieg – die Kreativstraße!
Ein fettes Dankeschön geht an das Kreativteam schlechthin! Alle an einer Straße:
Frank Weymann als ehemaliger Kollege aus meiner alten Hamburger Zeit und jetzt einer der angesagten Foodstylisten und Top-Fotografen in Deutschland. Ich bin stolz, dass ich mit Dir mein Buch machen durfte! Ebenso danke ich Codruta »Codi« Weymann, Franks toller Frau, dass Sie mich für die Zeit der Fotografie bei sich wohnen ließ. Ein großes Dankeschön geht an Florian Ballschuh, ein aufstrebender Foodstylist und ehemals Top-Koch – schade, dass Du uns am Herd verloren gehst, schön aber, dass Du uns auf eine neue wunderbare Art erhalten bleibst. Und nun noch ein dickes Dankeschön an jenen Mann, der die Idee des Aufbaus meines Buches in Grafik und Layout so perfekt umgesetzt hat: Michael Braack. Ich habe ihn bei Frank auf der Terrasse in einer Lederhose kennengelernt … HH in Oktoberfeststimmung, sah lustig aus!

REZEPTVERZEICHNIS

A
Ajvar hausgemacht *71*
Ajvar-Croque *67*
Ajvar-Linsen-Bolognese *69*
Apfel-Perlzwiebel-Dip mit Sesam-Ofen-Kartoffel und Rollmops *87*
Apfelkuchen – ungebacken *201*
Aprikosen-Muffins *199*
Avocado und Mozzarella, gebacken, mit Kapern-Tomaten-Salsa *77*

B
Basilikum-Couscous mit Fischfilet in Tomaten-Vanille-Sud *193*
Blumenkohl-Couscous-Salat mit Lammfilet und Apfel-Minze-Sauce *189*

C
Cevapcici mit Djuvec-Reis *65*
Chilibällchen mit Kapernsauce *75*
Couscous mit Ofengemüse *191*

D
Dosentomaten ... aber selbst gemacht! *19*

E
Eingelegte Zwiebel-Paprika *91*
Erbsenfalafel mit Chili-Mayo *121*
Erbsenpüree-Crostini *117*

F
Fischfilets mit Kapern-Zitronen *79*

G
Garnelen-Hähnchen-Buletten mit Salsa Criolla *139*
Garnelen mit Mangopüree *143*
Garnelen-Kracher mit Guacamole und Fenchelsalat ... *137*
Glücksrollen mit Rettich-Karotten-Dip *205*
Grießflammeri mit Himbeer-Blitzeis *159*
Grillhähnchen mit Pfirsich-Barbecue-Sauce *53*

H

Haselnuss-Gewürz-Dip	*203*
Himbeer-Brotpudding mit Malzbiersorbet	*163*
Himbeer-Rosmarin-Essig	*157*
Hühnchenspieße mit Erdnusssauce und Thai-Gurkensalat	*45*
Hühnerbrust mit Aprikosen-Couscous und cremigem Dip	*195*

I

Ingwer-Garnelen aus dem Wok	*141*

K

Kabeljau mit Rote-Bete-Sauce und Kartoffel-Gurken-Püree	*101*
Kalbstafelspitz-Carpaccio mit Kapern-Mayonnaise	*81*
Karamell-Perlzwiebel-Baguette	*85*
Kokos-Soufflé mit Gewürz-Ananas	*47*
Kokossuppe, scharfe, mit Zitronengras und Garnelen	*49*
Kürbis-Ebly mit knusprigem Prosciutto	*213*

L

Lachs mit Mais auf Bärlauchspinat	*37*
Linguine mit Scampi-Spargel-Ragout	*169*
Linsensalat mit Köfte	*179*

M

Mais-Fritters mit Melonenkugeln in Parmaschinken	*35*
Maiscremesuppe mit Pfifferlingen	*33*
Maiskolben und Gambas mit Pancetta-Kürbis und Zucchinibutter	*39*
Maispoulardenbrust mit Apfel-Himbeer-Relish und Pfifferlingen	*161*
Makrele mit Express-Schmortomate und Kokosmilch	*43*
Maultaschen, geschmälzte	*151*

P

Pfirsich-Melonen-Salat mit Büffelmozzarella	*59*
Pfirsichsorbet mit Ahornsirup-Sahne	*57*
Pizzateig: Grundteig	*153*

R

Rehrücken mit Honig-Pfeffer-Schattenmorellen und Kartoffel-Lauch-Gratin	*105*
Reisauflauf mit Erbsen und Speck	*119*
Rib-Eye-Steaks vom Grill mit Linsen-Trauben-Salat	*181*
Ricotta-Tortellini	*175*
Rindfleischkuchen	*147*
Rote-Bete-Carpaccio mit Ziegenkäsecreme und knusprigem Parmaschinken	*95*
Rote-Bete-Crostini mit Matjes und Pfirsich-Salsa	*99*
Rote-Bete-Gelee mit Meerrettich-Apfel-Creme	*97*
Rumpsteaks mit Spinat und gebratener Zitrone	*127*

S

Schattenmorellen-Cup-Cheesecake	*107*
Schattenmorellen-Fischpäckchen	*109*
Schattenmorellen-Scheiterhaufen mit Blauschimmelkäsekruste	*111*
Schweine-Linsen-Curry	*183*
Schweinefilet mit Perlzwiebel-Pilz-Kruste und Gemüse-Tagliatelle	*89*
Schweinekoteletts mit Spekulatius-Backpflaumen-Kruste	*215*
Spaghetti mit Spinat-Ricotta-Tomaten	*129*
Spaghetti mit Tomaten-Thunfisch-Sauce	*27*
Spaghetti-Muschel-Pfanne	*171*
Spinat-Curry-Suppe mit Papadam und Räucherlachs	*131*
Spinat-Wildkräuter-Salat mit gebackenem Ei und Sauerampferschaum	*133*
Steinpilz-Pfirsich-Risotto	*55*

T

Tagliatelle mit Zitronen-Basilikum-Sahne	*171*
Tatar vom Rind in Kataifiteig mit Papayasalat	*149*
Thunfisch mit karamellisierten Karotten, Ananas und Knusper-Ingwer	*29*
Thunfisch-Bohnen-Salat	*23*
Thunfisch-Frühlingsrolle mit Wasabi-Mayonnaise	*25*
Tomaten-Erbsen-Salat mit Erbsencreme und Parmesansahne	*123*
Tomaten-Kichererbsen-Suppe mit Chorizo und Currysahne	*15*
Tomaten-Zucchini-Lasagne, schnelle	*17*
Tomatengrundsauce	*13*

Z

Zander mit Kartoffelschuppen und Linsengemüse	*185*